世間の歩き方

YOU

はじめに

25年来の親友である、タレントのYOUと『Numéro TOKYO』編集長の田中杏子。うれしいときも泣きたい夜も、行きつけのバーに集まり、お酒を片手に固い絆を築いてきました。そんな二人のいつもの会話は「最近どう?」から始まり、仕事やプライベートでの悩みなど、人生についての深い話へと続きます。あちこちに金言がちりばめられている二人のおしゃべりを連載した「YOUのテキトーく」は8年目に突入しました。そこで、これまでの7年分のエピソードから、YOUさん流の処世術が散りばめられた回を「仕事」「人間関係」「自分事」のカテゴリーに分け一冊にまとめました。YOUさん、今のお気持ちは?

「まずは、この本を手に取ってくださったことを、とてもうれしく思います。この本は25年以上前に杏子と出会ったことから始まります。初めて杏子に会ったとき、日本にも真のオシャレさんがいるんだと驚きました。その日から私たちは親友となり、笑ったり泣いたり深酒したり、いくつもの夜を一緒に過ごしてまいりました。この25年の間に、杏子は『Numéro TOKYO』を創刊し、出産を経験。私もなんだかんだと忙しい日々を駆け抜け、それをお互いに見守ってきました。そんな私たちに、編集者さんとライターさん、フォトグラファーさんたちが加わり、みんなで続けてきた連載です。今、これを読んでくださっているあなたにお伝えしたいのは、この本は『こう生きるべし』という教訓本ではありません。誰かを好きになったり、仕事に熱中したり、何かに悩んだりしながら生きている大人たちが、ただ楽しくしゃべっているだけの対談集です。もしかしたら、ここから人生のヒントを見つけてくださる人もいるかもしれません。もちろん『こんなんでいいのか?』と疑問に思う人もいるでしょう。『こんなのでもいいのかな』と気が休まることもあるかもしれません。この本を読んで何か行動に移すのか、反面教師にするのか、はたまた笑って忘れるのか、それは皆さんにお任せします。この本が、あなたの素敵な人生の一助になれば幸いです」

YOUのだいたい年表

60s　東京にて誕生（乙女座・O型）。
一人っ子として育つ。両親の仲が良すぎて、一人遊びが得意になる。

70s　小学校低学年は週5でお稽古（バレエ、ピアノ、書道、絵画、水泳）
小学生の頃にQueenに出会う。6年生のときに友達と日本武道館の来日公演へ。ここからロック少女まっしぐら。

80s　女子高に入学、週末も毎日テニス部の練習に明け暮れる。高校3年の頃、部活終了後に原宿で私服に着替えて遊び始める。この頃、「ユウ」と呼ばれ始める。
高校生の頃、天気の話をするのが面倒で美容室に行かなくなる
興味もないビジネス専門学校に通う（秘書検定の資格を取る）
原宿でスカウトされ、モデルの仕事を始める。
事務所の社長が「ユウ」というあだ名を「YOU」と表記。

90s　バンドFAIRCHILDのボーカルとしてデビュー。ボーカルと作詞を担当（88年結成、93年解散）
ラジオ番組『MBSヤングタウン』木曜日のアシスタントとしてダウンタウンに出会う（90年）
その後、『ダウンタウンのごっつええ感じ』にレギュラー出演（91～97年）。ここで「しゃべり」や「間」など多くのことを学ぶ。
ソロアルバム『カシミヤ』をリリース（94年）
長男を出産（97年）
アンダーカバーのデザイナー高橋盾の家に入り浸る
仕事と子育て、その合間の夜遊びに忙しい時期。

00s　生涯の親友であり、お互いに甥・伯母と呼び合う藤井隆とともに、現在もレギュラーを務める『発見!仰天!!プレミアもん!!! 土曜はダメよ!』(読売テレビ)がスタート(03年)

宮藤官九郎脚本のドラマ『木更津キャッツアイ』に出演(02年)

映画『誰も知らない』でキネマ旬報ベスト・テン助演女優賞受賞(04年)

映画『THE 有頂天ホテル』に出演。劇中で歌を披露(06年)

倉本美津留との音楽ユニット「YOUに美津留」で、NHK『みんなのうた』に「月」を提供(06年)

映画『歩いても 歩いても』に出演(08年)

ドラマ『深夜食堂』第8話「ソース焼きそば」に出演(09年)

10s　ドラマ『祝女～shukujo～』に出演(11年)

舞台 美輪明宏版『愛の讃歌』に出演(11・14・18年)

現在もレギュラーを務める、NHK Eテレ『ねほりんぱほりん』がスタート(16年)

ブランド「PEELSLOWLY」のディレクターを務める(17～20年)

インターナショナル・モード誌『Numéro TOKYO』にて連載「YOUのテキトーく」スタート(17年)

20s　連続テレビ小説『カムカムエヴリバディ』に出演(21年)

映画『こんにちは、母さん』に出演(23年)

24年も大活躍。テレビドラマでは、バルの店主、編集者、弁護士など幅広い役柄を演じる。

映画『ファーストキス 1ST KISS』に出演(25年)

タレントとしてCMやバラエティ番組に数多く出演するほか、近年は女優としても高く評価され、ドラマや映画、舞台でも活躍中。

目次

第三章 自分事

YOUの私服スナップ　Part I

セリーヌのスウェットトップ、ボトム

上／カルバン・クラインのTシャツ　下／セリーヌのTシャツ

アンダーカバーのジャケット　バレンシアガのスカート、パンプス

上／バレンシアガのデニムワンピース　下／ドロシーヘンドリックスのTシャツ

セリーヌのシャツ、パンツ　バレンシアガのパンプス（P12-17 すべて私物）

仕事

第一章

「年齢の壁」は存在する？

ライター　ライフプランやキャリアパスを考える上で、年齢の区切りはある程度意識したほうがいいと思いますか。

YOU　私は必要ないと思っている。いくつになっても自分が進みたい道があるなら挑戦したらいいし、好きな人がいて結婚したいならすればいい。そんなに年齢って気になるかな？

杏子　最近、武田砂鉄さんの著書『わかりやすさの罪』を読んでいるんだけど、そこにこう書いてあったの。私たちはこれまでわかりやすい選択肢を提供されていたけれど、その意図を疑ったほうがいいと。そもそも20代で結婚、転職は35歳までなんて、誰が何のために定義しているのか、なぜその選択肢から選ばなきゃいけないのか。それより自分なりの人生をクリエイトするべきだよね。

YOU　よく「年齢の壁」といわれるけど、そんなものは実際に存在しないのよね。周りの同世代の子がみんなそうしてるから自分も同じようにしないと幸せになれないなんて、そんなのぜーんぶ幻想よ！　もし幸せそうに見える人がいたなら、それはその人の努力の賜物だから。

杏子　そうだね。仕事を続けることも日々の努力、結婚生活だってお互いの価値観をすり合わせる努力の連続だね。

YOU　私は年齢を理由に何かを諦めたことはないんだけど、そんなに年齢が気になるものなのかしら。年齢で諦める前に、自分自身をプロデュースしてみるっていうのはどうかな？　自分の好きなことは何なのか、これからどんな人生を歩みたいか、目標がはっきりしていたらそれに向かって進めばいいわけだから。

杏子　私もいつも自分がしたいことに向かって走ってきたな。思いがけない結果になることもあるけど、人生そんなものだよね。

YOU　イエス、人生は計画どおりにいかないものよ。出産は年齢のリミットがあるけれど、いつまでに出産しようと計画したところで、妊娠出産は自分ではどうにもならない。結婚だって何歳までにしたいと思っても相手が必要だし、パートナーの事情にもよるから、予定どおりなんてムリ。

杏子　現状では法的な結婚が難しい場合だってあるものね。

YOU　それについては国に物申したいけれども。ところで、少し話はズレるけど、私はいつも最悪のシチュエーションを想定しているのね。結婚しても浮気されるかもしれない。将来離婚するかもしれない。だから念のために貯金しておこうとか、万が一の場合を想定して対策を練っておくの。未来は何が起こるかわからないでしょ。でも、そうすることで一つ一つのことに真剣に向き合えるし、いつも覚悟を持って生きている。だって「こんなはずじゃなかった」と泣くのは大人のすることじゃないから。「その日を楽しく生きよう」と言うけれど、それは遊ぶことじゃなくて、精いっぱい生きるってこと。あの人に手紙を書こうと思ったら後回しにせずに今日やるとか、できることはやっておかないと。それもコロナ禍で学んだことよね。そして、将来のために勉強すること。やっぱり知識は大事よ。杏子が読んでいるその本も面白そうだね。

杏子　武田砂鉄さんの本はおすすめ。私も、メディア戦略でつくられた「当たり前」や、無意識に「世間体」の枠に組み込まれていたなと気づいたもの。勉強になりました。

YOU　お勉強したらあとは行動あるのみだよね。パートナーが欲しいなら、マッチングアプリに登録したり友達に紹介してもらうとかね。人生の選択を年齢で諦めるくらいなら、自分の好きなことをして精いっぱい生きようよ。

船に乗り込む努力

杏子　競争の激しい芸能界で、長い間、第一線にいるポイントは？

YOU　私は第一線じゃないのよ。なんとなく使い勝手がいいポジションにいて、自分でもそこにいたいと希望していて。今ちょうどいい感じでお仕事させてもらってるのは、本当にラッキーなだけ。

杏子　もし大金が手に入ったら仕事を辞めたいと思う？

YOU　仕事って、働いてお金を頂くという側面も大きいけど、億万長者だったとしても仕事はすると思う。これまで考えたことなかったけれど、今やっていることが私のやりたいことだったのかもしれない。でも、会社に勤めていると大変よね。私は一人で決断できることが多いけど、会社員だとチームで動かなくちゃいけないわけでしょ。私はその分、自分が倒れたらおしまいっていうリスクはあるけど。

杏子　とはいえ、キャリアが長くなると、業界のしがらみも増えそうだけど。

YOU　若い頃から派閥はなるべく避けて通ってきたの。無理して偉い人とご飯に行かなくても仕事をもらえるようになればいいなって思っていたから。よくスタッフさんから「YOUさんは打ち上げにいらっしゃいませんよね」って言われるんだけど、打ち上げはスタッフさんが主役の会だと思うし、どうしてもというとき以外は行かない。よく知ってる人は、私は来ないもんだとわかってくれてるし。仕事を長く続けている上で心がけているのは、柔軟なスタンスでいたいってことぐらいかな。

杏子 そう考えるに至るキッカケがあったとか?

YOU ある番組で、何かを突き詰めた「〇〇オタク」の人たちに会うことがあるんだけど、私はそこまで夢中になれるものがないから、いつも彼らを尊敬するのよ。好きなことを追求して、仲間をつくって、カルチャーやムーブメントを生み出したりするじゃない? 何もない側が勝手に色眼鏡をかけてレッテル貼りしていると、時代から取り残されちゃうよね。最初は理解が難しくても、頭を柔らかくして、好奇心を持っていないと。それは若い子たちに対してもそう。「そのファッションは何なの?」と思っても、そこに面白いものがあるかもしれない。ブライベートでは、同じ価値観の人で集まるほうが気楽だけど、仕事ではいろんな視点があることで、番組全体の雰囲気も良くなるし、達成感も生まれるよね。

杏子 30代よりも今のほうが楽しい?

YOU あの頃は自分のことで精いっぱいだったし、体力もあったから余計なことは考えず仕事ばかりしてたな。睡眠時間がなくても動けたし。40代になるとインプットがなければアウトプットできなくなって。今は時間の使い方もうまくなったし、「もうトシなんで」と言い訳しながら好きなようにやらせてもらってます。だから、まだ若くて仕事が思う存分できなかったり、育児中で仕事とのバランスに悩んでいたりする人も、心配しすぎないで大丈夫。ずっとそれが続くわけじゃないからね。

やる気コントロール

杏子　次々といろんな出来事が起きて、時代の節目だなとつくづく実感することが多いよね。

YOU　何が起きてもおかしくない世の中だね。時代といえば、少し前から私たちの20代の頃と今の若い世代とでは、全く違うんだと実感することがあって。

杏子　例えば、どんなこと？

YOU　今の世代は、アクティブで元気な子と、自分から動きたくてもどうしていいかわからない子とに、両極端に分かれている気がするの。私たちの頃より仕事の選択肢が広がっているから、好きなことを仕事にする機会はたくさんあるのに、「そんなこと言われても、何が好きなのかわからない」って子に飲み屋とかで遭遇することが増えたのね。私も昔は「ハァ？ やる気ってなんですか？」ってぐらい冷めてたから、その気持ちはすんごくよくわかる。しかも、今はネット社会で、情報があふれてるじゃない？ なおさら迷っちゃうよね。

杏子　そういう意味では、芸能界は好きなことを仕事にしている人ばかりだよね。

YOU　まあ、みんな俳優や芸人を目指して芸能界にやって来るわけだからね。でも、普通だったら自分が好きじゃなくても頑張って働いてお金をもらうことが「仕事」だから、好きなことで生活できる人は相当ラッキーだと思う。

杏子　YOUは好きなことを全身で楽しんで、それが次の仕事につながっているけど、そのコツは？

YOU　自分がイケてると思ったことはとことん掘り下げる。例えばファッションに興味があるなら、ブランドの歴史やシーズンごとのアイテムとか。自分が好きなことに関しては「知らない」とは言いたくないの。いろいろ調べてとにかく買う。負けず嫌いが原動力なのかも。悔しくなるのよ、素敵なものを見逃しているんじゃないかって。自分で調べたりショップに足を運んだり、まずは行動してみてほしいな。知ったつもりで「はい終わり」はもったいないよ！

杏子　でも、YOUは興味ないものについては、とことん無関心だよね。

YOU　それに関してはひどいくらいに(笑)。私はいろんな人に謝罪すべき。

杏子　子どもがいる人は、どうやって子どもたちの興味を引き出したらいいかな。

YOU　親にできるのは、子どもに体験する機会を与えることぐらいかもね。美術館やスポーツ、フェスとか、とにかく自分の好きなものに子どもを帯同させる。「私はこれが好きなの。あなたはどう思う？」ってのを繰り返して、興味がありそうなものを見つけてあげる。習い事させたり、キャンプに行かせたりしてもいい。18歳までは経済的なことも含めて、面白いものに触れるチャンスを増やすことが親の役目だから、辛抱強く見守るしかないよね。

杏子　後輩や部下のやる気や興味を引き出すには？

YOU　とにかく褒める。やりがいって、誰かに感謝されたり褒められたりして生まれるものでしょ？ 当たり前のことでも「すごい！」と褒めて、後輩や部下の心の温度を高めてあげるの。それで、その感覚を覚えてもらう。あとは共感すること。

杏子　上から目線で教えるんじゃなくてね。

YOU　そう。話をじっくり聞いて、後輩との間に共感のベースをつくってから、「私はこう思うよ」と先輩からのアドバイスをすると、後輩に「うっとうしいな！」と思われないはずよ。

杏子　それは子育てにも応用できそう。

YOU　試しに褒め上手になってみるといいかもね。私は何かに興味を持っている人を「カルチャーがある人」と呼んでいるんだけど、そんな人が増えたら世の中もっと面白くなるし、楽しくなるはずよ。誰かのやる気を引き出すのも、回り回って自分のためになるんだと思うな。

下っ端の心得

杏子　最近のオフはどんな過ごし方をしてる？

ＹＯＵ　舞台に出演したりして忙しくはあるんだけど、合間に映画を見たり、買い物したりはしてるよ。

杏子　特に印象的だった映画はあった？

ＹＯＵ　えっとねー…。タイトルが思い出せない…。あ、『グレイテスト・ショーマン』だ。何もかもすぐに忘れちゃうのよ、いいことも悪いことも。一日の終わりにお酒を飲んだりすると、朝起きたら何も知らない人に生まれ変わってるってくらい（笑）。私の人生、なんにも蓄積しないの。大丈夫かな。ちゃんと脳を使っているのか、私は。

杏子　でもバラエティで急に話を振られたら、気の利いたコメントするよね。

ＹＯＵ　それは仕事だから頑張るけれど、他のことは楽なほうに流れちゃう。少しは熱を帯びて生きていたいんだけど、そもそもの熱量が少ないのか、泥くさいのはカッコ悪いという価値観で育ったからなのか。

杏子　でも、テレビや舞台で見るＹＯＵからは仕事に対する情熱を感じるよ。

ＹＯＵ　そういうときだけは集中してるからね。でも年々、情熱とは縁遠くなっている気がする。学生の頃は私もテニス部で頑張ってたんだけど。

杏子　自己顕示欲はもともと少ないほう？

ＹＯＵ　若い頃は多少あったかもしれないけど、

この仕事は見てくださる方が評価を決めるわけじゃない？　それなのに「私ってこうなんです！」とわざわざ自己主張してもね。それに、皆さんからいただく評価のほうが本来の私よりもいいことが多いから「そっちでお願いします」って（笑）。下手にしゃべって素が出ないほうがいいの。

杏子　芸能界でも年上になってきて、自分が牽引しなきゃと責任を感じることは？

YOU　どちらかというと責任感を持つより、私は「下っ端の心得」で生き残ってきたところがあって。ダウンタウンさんや美輪明宏さん、（小泉）今日子に対してもそうだけど、一度「好きッス」「カッコいいッス」と思ったら、その方々に対する忠誠心が私のエナジーになるの。どうすればそばにいられるか、そばに居続けるためにはどう振る舞うのが適切か、それをすごく考える。そういう熱量はあるな。草履を懐で温めちゃうタイプ。他の人が温めようとしたら、必死で奪いにいくよ（笑）。乗りたい船と尊敬する船長を見つけたら、その船に乗り込むために最大限の努力はするね。

杏子　自分が船長になるのではなく？

YOU　私は自分で舵取りしたり、ゼロから企画を立ち上げたりするほうじゃないから。でも、船に乗り込む努力だけは怠らない。そこには恥も外聞もないし、先に乗ろうとする人がいたらすごく嫉妬する。その代わり、普段の生活では執着も嫉妬もゼロ。好き嫌いが激しいけど、好きなものに対してだけに必死なの。

杏子　仕事で自分の意思に反してやらなくてはならないことがあったら？

YOU　まず、やってみて考える。「向いてないかも」と悩む前に、飛び込んでみたら意外と自分に合ってるかもしれないし、思ってた以上に楽しいかもしれないから。仕事で我を通そうとは思わないの。ファッションだって、プライベートだったら服のデザインの好みはあるけど、映画や舞台で衣装さんが役柄に合わせて用意してくれたものならどんな服でも着る。仕事は別だから。お仕事を頂けるのはとてもありがたいから、自分なりに一生懸命やってますよ。

自分の役割をわきまえる

杏子　10代で仕事を始めた頃から、生涯この仕事を続けていこうと思ってた?

YOU　学生の頃、毎日同じ時間に同じ場所に通うのは無理だとわかって、それをしないで済むにはどうしたらいいのかと考えた結果、この仕事にたどり着いたの。最初はそんな動機でこの仕事を始めたけど、ずっと続けているから、結果的にはいい選択をしたのかもね。

杏子　周囲の大人たちは、そのスタンスをすぐに理解してくれた?

YOU　昔から変わっている子だと思われていたけど、こっちもわかってほしいとは思わなかったのね。合わない人とはノー社交。若い頃は「しーらなーい」で終わり。その頃に比べたら、今は他人と関わるようになって、無理に好かれなくてもいいけど、わざわざ嫌われなくてもいいかなって考えるようになったけど。

杏子　それにしても一つの仕事をずっと続けるのは大変なことだよね。

YOU　普通の職場を知らないからなんとも言えないけど、結局は人と人なのかもね。あとは好奇心の強さ。この業界は競争が激しいから、うまいことやれる人は残っていくし、いつの間にかいなくなっちゃう人もいる。

杏子　仕事を続ける上で、意識したことはある?

YOU　自分がどんな役割で呼ばれたのか理解して、その役割を全うすること。「座組み」ってあるでしょ? 今日は若手がいるから賑やかしは任せればいいなとか、番組内容と座組みによって、やり方を変える意識はあったかな。

杏子　オファーを出すほうは、その場に合わせて対応してくれるのはありがたいよ。

YOU　飲みの席も一緒よ。その日のメンバーを見て「今日はこの子がいるから、私が話を回さなくてもいいいな」とか。もともとそういうことを考えるのが好きなのかも。仕事だから我慢してやっているわけじゃなくて、それがすごく楽しいの。

杏子　夜の先輩としてアドバイスするなら?

YOU　お酒の失敗を恐れないで! 飲みたいときに我慢すると、変なところで爆発しちゃうから。みんなで楽しめる華やかな飲み方を知ってる人になれば、夜がもっと好きになるはずよ。それから、お酒の席でも自分の役割をわきまえること。このスキルは仕事でも役立つはずよ。

上司だって悩んでる

杏子　YOUは仕事場での態度についてどう考えている？

YOU　礼儀としていつでも失礼のない態度でいようと思っているけど、こっちも真剣だから、ある程度、厳しくなることもあるよ。いつもニコニコして「これはぁ、こうでぇ♡」なんてやってられないじゃない。仕事の現場では愛想を振りまかなくても、テキパキ仕事する人はプロフェッショナルよ。とはいえ、オラオラ威張り散らしてるのもどうかしてるし、周囲を不安にさせるのも良くない。もし厳しいことを言う必要があったら楽屋だな。

杏子　注意するときも、パワハラにならないように匙加減が難しいよね。

YOU　会社員は大変だよね。信頼関係を築いた上で注意をしようとして部下を飲みに誘っても「行きません」「パワハラ」「モラハラ」と言われちゃうから。飲みに行って、軽く注意して、帰り際に「まあ、今日は厳しいこと言ったけどさ」ってフォローできたらいいんだけどね。

杏子　よく後輩と飲みに行ってるよね。

YOU　仕事でもプライベートでも、あまりにニコニコしてアプローチしてくる人は警戒するかも。何かあるんじゃないか、何か欲しがってるんじゃないかと感じて。特に初対面だったり、得体の知れない人の笑顔は怖い。むしろ最初は感じが悪いくらいのほうが、本当はいい人なのではないかと掘り下げたくなるの。それに、いつもニコニコしてる子はあまり興味が持てなくて。「あら幸せねー、よかったねー、またね」っていう（笑）。

杏子　シャイな人は？

YOU　好き。全く同じルックスで、愛想がいい人とシャイな人がいたら、シャイな人に惹かれがち。目が合わないなら、逆にこっちからじっと凝視しちゃう。人間って多面的だから、お互いによく知り合わないと、本当のことがわからないよね。よくタクシーの運転手さんに「この前、芸人の○○を乗せたんですけど、いつもあんなに無愛想なんですか」と聞かれることがあるんだけど、さすがに仕事と普段とでは違うでしょ。そんなときはバックミラーを強めに覗き込んで「お疲れだったんじゃないですか」って答えてる。一場面だけを見てその人を判断しないでと思うわけ。

杏子　一場面だけを切り取って人間性を判断する傾向はあるよね。

YOU　了見が狭すぎるよ。世の中にはいろんな人がいて、人付き合いが上手な人も、人間関係が苦手な人もいる。徐々に関係を深めたり、仕事で結果を見せたりして印象は変わっていくの。ただ、何もしないで他人が理解してくれることはないから、少しは努力しないと。仕事なら最初に「人付き合いが苦手なんですけど、一生懸命頑張ります」と宣言しちゃうといいかも。そしたら、こっちも「しょうがねえな」って多めに話しかけるから。飛び抜けて外見が良い人なら「何もしなくていいから、そこにいて」となるかもしれないけど。

杏子　それも一つの才能だもんね。

YOU　外見は会話のきっかけにはなるけど「それで君は何ができるのかな？　あ、何もできないのね…」となったら次は呼ばれない。だから、結局、礼儀と努力は必要なのよね。

芸能界は軍隊生活⁉

杏子　YOUは仕事を続けながら出産を経験したけど、体調と仕事とのバランスはどうやって取っていたの？

YOU　幸いなことに、つわりはそんなに重くなかったから、出産前はぎりぎりまで働いて、育児で1年ぐらい休んだの。妊娠中は顔や足がむくんだりしたけど、テレビの仕事はこちらの都合でスケジュールを動かせないから、気力でどうにかしたような気がする。テレビ業界はちょっと特殊なの。それくらい強くないと生き残れない世界だから。

杏子　仕事の時間も不規則だしね。

YOU　だから、どこでもすぐに眠れる体質になったよ。もし、いま眠らないと睡眠時間が取れないぞと思うと、人はどうやら眠れるみたい。海外に行っても飛行機の中でずっと眠ってるから、ジェットラグもほとんどない。もともと体内時計が狂ってるのかもね。19歳ぐらいの頃、仕事で富士山の八合目から山頂までキャタピラーで運ばれたことがあるんだけど、そこでもぐっすり眠ったことがあるもの。食事の時間も不規則だしね。でも、いま食べておかないと次はいつ食べられるかわからないから、胃腸も強くならざるを得ない。毎日がサバイバルだから、だんだん体が丈夫になっていったのかも。

杏子　しかも、季節を問わずいつも半袖だよね。それもすごい。

YOU　撮影で夏でも毛皮を羽織ったり、冬でも薄手の服を着たりするから、仕事のスイッチが入ると気温は全く気にならないな。更年期のときも先輩からは大変だったと聞いたけど、私の場合、不調になるときは前兆があるから、事前に対処できたの。

杏子　芸能界は強い体質の人でないと務まらないのかもしれないね。

YOU　極端なたとえだけど、芸能界は軍隊生活に近いのかもしれない。体が順応せざるを得ないの。芸能界を目指している子も、〝入隊〟してしまえばそういう体質になると思う。でも、合う合わないがあるから、興味があるなら、まずは〝入隊〟してみたらいいと思う。

杏子　YOUは特に芸能界向きの体質だったのかな。

YOU　周りもタフな人ばかりだったから、自分が特別だと思ったことはなかったけど、ママ友とかの仕事以外の人と交流することで、平均のラインを学習しました。ここまでくると人はしんどくなるんだなと。それを見て、思っていたよりも私、体が強かったんだとやっと理解したのよ。

杏子　メンタルのバランスは？

YOU　こういう不安定な時代だからこそ、何事も楽しむ気持ちは大切にしているかも。出かけられないときも家飲みを楽しんだり、ドラマや映画にハマったり、家の中に楽しみをたくさん見つけるようにしているけど、それも良かったのかもしれないな。

フリーランスの生き方

杏子　働き方が多様になり、副業やフリーランスが一般化。YOUはフリーランスに近い働き方だけど、うまくやる秘訣は？
YOU　何よりもまず、丈夫な体と心が絶対条件。仕事をいくつも掛け持ちして、次々と新しい案件に取り組むとなると、その場に合わせて対応する柔軟性も必要だね。だから好奇心旺盛で、いつもフレキシブルでいながら、頭の中ではちゃんと計算して、健康をキープできるようにコンディションを整えておく。組織に守られているわけじゃないから、常に自分を俯瞰する客観性も重要になってくるの。

杏子　フリーはそういうリスクも高いものね。
YOU　私の仕事は芸能界という特殊な世界だから参考になるかわからないけれど、ありがたいことに人とタイミングに恵まれたの。モデルから仕事を始めて、続けるべきか疑問を感じたタイミングで舞台やラジオに声をかけてもらって。芸能界の中で小さく転職を繰り返してきたようなものなんだけど、それでも〝リスク〟だと考えたことはなかった。どんな仕事も楽じゃない。そこは恋と似てるかな。誰かを好きになったら、リスクを考えて行動しないでしょ。
杏子　もし途中で「選択を間違えたかも」と気づいてしまったら？
YOU　二者択一するときは、自分が面白いと思えることがいちばんのプライオリティだけど、途中で「あれ？」と思ったことはあったよ。特に恋愛方面ではたくさん失敗してきました。でも選択を間違えたとしても、その経験はゼロにはならないよね。恋愛でも「こいつはダメかも」と感じた相手と結局、うまくいかなかったとしても、その人を介して友達が増えたりするし、次に同じ轍《てつ》を踏まなきゃいいし。経験は全て自分のプラスにするつもりでいたほうがいい。仕事だったら、もちろん一度引き受けたものは投げ出さずに最後までやるよ。間違えたと思ったら次は同じようなオファーを断ればいいわけだし。恋愛も仕事も、人生で辞められないことってそんなに多くない。だから区切りのいいところまで、ひとまずやってみればいいと思う。

杏子　断るにも勇気が必要だけど。

YOU　断っちゃうと、「あのときやっとけばよかったな、何か可能性があったかもしれない」と思うかもしれないけど、そこはあまり振り返らない。後悔しても意味がないから。

杏子　フリーランスになろうとする人にアドバイスするとしたら?

YOU　突き詰めて言えば、フリーランスも会社員も同じだと思うの。どちらにしても礼儀や覚悟は必要だよ。そうじゃなきゃ人として信用できないでしょ。オファーする側になって考えてみて、どんな人に仕事を任せたいか考えてみればわかるはず。やるなら責任を持ってやる。人には礼儀を持って接する。私だって毎日、何が起こるかわからないから、緊張しながら仕事をしてるわよ。でも、やると決めたら覚悟を決めるしかない。「自分のケツは自分で拭け」ってこと。どんな仕事でも、結局、そういうことなんじゃないかと思う。

転職する後輩を見送るとき

ライター　長く仕事を続けていると、退職する後輩を送り出すタイミングが来るわけですが、そんな人にアドバイスするとしたら？

YOU　会社関係のことは私より杏子のほうが詳しいんじゃない？

杏子　二人三脚で、せめて10年は一緒に頑張ろうねと思いながら仕事をしていた時代もあったけど、今は終身雇用の時代じゃないから、辞めたいと言われたら仕方ないよね。

YOU　転職にも世代的な特徴があるの？

杏子　今は最初の就職も転職を前提にする時代だから、就職・転職のそもそもの考え方が昔とは違うよ。だから上司側も、ここで長く頑張りたいと思ってもらえるように魅力的な職場にするとか、組織より個人の意識を強く持って巣立ちを応援する気持ちに切り替えるしかない。芸能界でもそういうことはある？

YOU　みんなが会社に所属しているわけじゃないけど、事務所のスタッフはそれぞれのタイミングで辞めていくこともある。でもそれはその人の人生だから、無理に引き止めることはできないよね。ここでの経験を次に生かしてほしいと願うくらいかな。ただね、見送る側としては「みんな辞めていくな〜？　なんでかな〜？」と指をくわえているのも間抜けな話なので、なぜ辞めていくのか、理由を客観的に考える必要はあるかもしれない。だって、人間関係、職場環境、待遇に問題がある場合だってあるわけでしょ。

杏子　全員が前向きな転職というわけではないかもしれないよね。

YOU　環境や待遇が改善したら残る子だっているかもしれない。だから、辞めるときに理由を聞いてみてもいいかもね。転職って恋人と別れるときと一緒なのかもね。「他に好きな人ができた」と理由がわかったら納得するし、理由を聞かなかったら引きずっちゃうかもしれない。

杏子　辞め方もあるね。前もって相談してくれたり、2カ月後と規定された期日で辞めると言ってくれたら、こちらも後任を探せるけど、1週間前にいきなり「辞めます、さようなら」では実務的にも困ってしまう。

YOU　その職場を辞めた後も、どこかで一緒に仕事をするかもしれないから、なるべくしこりを残さないようにしないと。上司・部下という関係じゃなくなったら、対個人になるんだから。人間関係は大切よ。

杏子　ここさえしっかりしてくれたら、こっちも「いつか一緒に仕事をしよう」と思えるね。

YOU　そう。ただ、私が若い頃はそこまでちゃんと考えていたかどうか自信がない（笑）。いつか事務所を移籍したけど、わりと気軽な気持ちだった気もする。でも、どこへ行っても、欲しがってもらえる人になりたいとは思っていたかな。転職するときに、会社から引き止められるような魅力的な人になるには、普段から地道な努力が必要だよね。反対に、会社側も社員にこの上司がいるから転職したくないと思ってもらえるように環境や条件を整えることも大切かも。転職は、見送る人にとっても、自分自身や職場環境を見直すいいタイミングだと思うな。

古い体質の会社から脱出するタイミング

ライター 今は倫理観がどんどん刷新されています。もし自分の会社が古い価値観に縛られていると感じたら、転職のタイミングはどう見極めるべきでしょうか。

YOU 今は時代の過渡期だから、そんなふうに悩んでいる人も多いんだろうね。でも「ベストなタイミング」なんてないのよね。毎日、目の前に現れる選択肢のどちらを選ぶかの積み重ねだし、それが成功するかどうかは偶然でしかない。転職だけじゃなくて出産にもいえることだけどね。お酒を飲みながら「あれはもうちょっと後だったらよかったね」と愚痴を言うことはあるけれど、何をもってして「うまく行った」のかも、そのとき、その人によって違うし。

杏子 そうだね。それにしてもここ数年の変化は目まぐるしい。価値観もアップデートされ続けているし、転職に限らず柔軟に考えて動くのが大事かも。学生時代に「偉人」だと教えられた人が今は「侵略者」だったり。大人こそ価値観をアップデートしないと。

YOU 私たちの世代は、小さな島国でのほほんと暮らしていたら、ある日突然、携帯やインターネットが登場して、リアルタイムに世界中とつながるようになった。とんでもない時代の激変を目撃してるのよね。今やXGみたいに世界を舞台に活躍する人も登場するんだから、そりゃ昔の常識なんて変わって当然。古い世代の私たちだって、失敗しながら勘を磨いてきたでしょ。あとは正しい情報を得て、考え方をアップデートしておけばいいと思う。なにかしら行動を起こすときには、リスクは付きもの。自分で選んだことなら失敗しても悔いはないし、誰かのせいにするのは嫌じゃない？　仕事くらいは自分で責任を持ちたいよね。

杏子　そういえばＹＯＵが事務所を移籍するときは、どういうタイミングだった？

YOU　バンドのリーダーと一緒に移籍したり、マネージャーと一緒に独立したり、いろいろよ。大手も小さい事務所も経験したけど、私の場合はなんにしても結局、勝負するネタは自分自身だから、どこでもやることは一緒なの。

杏子　そういう考え方だと強いよね。どこに行ってもブレないもの。

YOU　新人さんは、最初の事務所選びや契約についてちゃんと考えると思うけどね。会社員はどうなのかな。

杏子　一緒だと思う。やっぱり自分で勝負するしかない。社内でも「あの人と一緒に仕事をしたい」とか「うちの部署に来てほしい」と思われる人材にならないと、活躍の場がもらえない。そのために自分をブラッシュアップしていかないと。もう終身雇用の時代じゃないから、自分を磨いておかないとね。

YOU　そうだね。答えになってるかわからないけど、結果的に成功だったかどうかは自分次第だから頑張って！　それから、転職じゃなくて自分で事業を起こそうと思ってる人は、できるだけ若いうちにトライしたほうがいいと思う。体力もあって、失敗しても再起できるから。でも、歳を取ると、その失敗が体に響いたりすることもあるのよ。私が言えるのはこれくらいかな。

長い人生を楽しむために

ライター 1986年に施行された男女雇用機会均等法から今年で38年たち（連載当時）、60歳定年を迎える会社では、当時の1期生の方々がそろそろ退職の時期を迎えています。

杏子 今でこそ男女関係なく働くことができるけれど、女性が正社員として採用されることが難しい時代があったんだよね。結婚や出産を機に退職することも当たり前だった。先輩方がそれを乗り越えて定年を迎えられたことは、本当に素晴らしいことです。

YOU 私たちはフリーランスに近い働き方だから定年はないし、このまま行けるところまで行くしかないけれど、会社員は区切りがあるのね。

杏子 以前は、猛烈サラリーマンが定年を迎えると、途端にやることがなくて途方に暮れるなんて話もよくあったけれど、今はどうなんだろう。

YOU 私の周りは、仕事しながらプライベートも楽しんで生きてる人が多いから、燃え尽きたって話はあまり聞かないな。私の父はそれこそ団塊の世代なんだけど、退職後も週1でゴルフに行って、友達もたくさんつくって、すごく楽しそうにしてる。でも、仕事だけに邁進していたらそういうこともあるのかもね。

杏子 YOUは将来に向けて、何か計画していることはあるの？

YOU 特にないけど、今やっていることを続けていけたらいいと思ってる。

杏子 私はもっと旅行にも行きたいし、10代の頃にしていたサーフィンも再開したいな。若い頃と体力が違うからSUPかもしれないけれどね。その頃までには別荘みたいなものがあったらいいな、なんて夢見たりしてるけど。

YOU 杏子は、もともとサーファーだったものね。

杏子 最近、娘の話を聞いていると、10代の頃のワクワク感を思い出すの。だから、あの頃やっていたことをもう一度やってみようかなって。

YOU いいと思う。読者にお伝えしたいのは、想像力を働かせてほしいということ。年齢を重ねるにつれて、未来の自分がどう生きたいのかを考えることが大切よ。そのために今は何をするべきなのかを考えておいてほしいな。

杏子 仕事をしている間に、趣味を見つけたり、副業ができる会社なら何か始めておくのもいいかもしれないね。

YOU そのために重要なのは「健康」と「お金」。旅行にしてもアクティビティを始めるにしても、その二つが本当に重要よ。

ライター 私はいま40代なんですが、健康診断の結果が年々ひどくなっていて…。

YOU それよ! 年齢を重ねてしんどくなってくるとメンタルと体の健康がいかに重要か痛感するでしょ。どうしたって体は衰えていくんだから、若い頃のように何もしなくても健康というわけにはいかないの。運動したり体のケアをしたり「わざわざ」やらなきゃいけないのよ。

杏子 気づいたときに始めておくことだよね。それで未来がだいぶ変わるから。

YOU 面倒くさいことばかりなのよ。髪や肌のメンテナンスもしなきゃいけない。でもやりましょう。やることをやって人生を謳歌するよ!

アルバイト、始めました

杏子 今回はYOUの仕事とプライベートについて聞こうかな。どちらも相変わらず?

YOU 新しくアルバイトを始めました。

杏子 え? 何の?

YOU 飲食店。杏子たちとも行ったことがあるバルで、たまにお手伝いをしているの。基本的には店主が一人で経営しているお店なんだけど、店主の知り合いがローテーションでお手伝いに入るというシステムになっていて。みんな、会社員だったりクリエイターだったり、なにかしら本業を持っている人たちなのね。本業が忙しくないときにシフトに入っているらしくて、私もやりたいって軽い気持ちで言ってみたら、シフトに入れてもらえることになって。仕事との兼ね合いもあるから、まだ数回だけなんだけど、すごく楽しいよ。

杏子 あのごはんがおいしいお店?

YOU そう。ホールで料理を運んだり、食器洗いをしたり。普段とは違う頭を使うから、すごくリフレッシュできるの。とはいえ、まだ数回だから、ちゃんとお役に立てているのかはわからないけど。ホール全体を見渡して、やるべきことを考えるっていうのも、20代の喫茶店バイト以来だから、最初オタオタしちゃった。でも、もともと人を見るのが好きってこともあるし、お客さんを観察して動くっていうのが面白くて。一心不乱にお皿を洗うことも、久しぶりだから新鮮なんだよね。

杏子 お客さんはYOUに驚くんじゃない?

YOU 最初はね。店主の人柄に惹かれて来店するお客さんが多いから、すごくいい人ばかりだし、お客さん側もいろんな人がバイトに入るシステムを理解しているから「ああ、今日はＹＯＵなんだね」っていう感じ。むしろ「ちゃんとホールはできるの？　大丈夫？」という優しいまなざしで見守ってくれてるわ。

杏子　ワインもＹＯＵがサーブしているの？

ＹＯＵ　飲むのは好きだけど詳しくないから、お客さんに銘柄で注文をもらうたびに、店主のところに行って「こういう絵のラベルで、こんな瓶で」と説明してもらってセラーに取りに行くという。ビールもね、ビールサーバーの掃除の仕方をＹｏｕＴｕｂｅで勉強したりしてるよ。

杏子　すごい！　えらい！

ＹＯＵ　働くってこういうことだなって再確認したわ。人間としていい経験をさせてもらっています。料理も近くで工程を見ていると、やっぱり、おいしいものは手間をかけているのよね。

杏子　まだ失敗はない？

ＹＯＵ　大きな失敗はないけど、細かな失敗だらけ。お金のことは間違えると怖いから、会計は最初から拒否しているの。だから忙しいときも、店主がキッチンから出てきて会計するという。

杏子　仕事の拒否権のあるバイトなのね。

ＹＯＵ　ありがたいことにね。勉強になるなと思ったのはレジの使い方。お客さまから預かったお金は上から入れて、お釣りは下に重なっている新札をお渡しするの。だから新札を毎日用意しているのね。そういう心遣いは現場じゃないと学べないよね。次にシフトに入るときは連絡するから、杏子も食べに来て。私、お皿洗いしてるから。

杏子　絶対に行く！

人間関係

第二章

新しい友達、古い仲間

杏子　ＹＯＵの交友関係は年代、性別、職業関係なく、本当に幅広いよね。

YOU　面白いと思った人には、年下でも私からアプローチするからね。友達はすでにたくさんいるんだけど、新しく知り合った人たちが何を考えて何をしているのか話を聞きたくなるの。昔は先輩たちの話を聞くのが好きだったけど、今は若い世代の子たちの話も面白い。私にはないものを持っているからね。みんなの話を聞いてエネルギーをもらってる。私〝エネルギー泥棒〟なんですよ（笑）。

杏子　友達と話すのは楽しいけど、あまりにたくさんの人に会うと疲れることはない？　体力を消耗するというか。

YOU　職業の違いもあるのかも。編集長が会う人は、ビジネスも含めて多岐にわたるでしょ？　そりゃ大変よ。芸能界は面白さを追求している人たちが集まっている世界だからみんな魅力的だし、私もテレビで言いたいことを言って承認欲求も満たされて、仕事してるだけでエネルギーが充電されるの。まあ、叩かれるときはキツいけど。

杏子　身体と精神の強靭さが必要な世界だよね。長年続けていること自体すごい。

YOU　芸能界に長くいる人はどこかおかしいのかも（笑）。長く続けたらいいってわけではないけど、どんな仕事でも続けないとわからないことはあるよね。最近、（小泉）今日子や（増田）令子と話していて感じるのは、年齢を重ねるほど価値観のアップデートが必要だということ。若い世代と交流してないと、ひと昔前の感覚で止まっちゃう。反対に、今日子や令子のように新しい価値観を取り入れている人はずっと面白いの。今日子たちがすごいのは、時代とともに変化していること。前に進んでいく友達が近くにいると、私も見習わなくちゃと思えるからありがたいわ。

ライター　誰かと仲良くなる過程で気をつけていることはありますか。

杏子　適度な距離感。どんなに仲が良くてもプライベートに入り込みすぎると面倒なことが起きたりすることもあるから。

YOU　お互いに心地よい距離感を保つのは大切。推し活とかママ友とかのコミュニティは、お互いに目的があって集まっているわけだから、それを見失うとロクなことにならないね。「ママ友」を例にすると、主役はあくまで子ども。それをきっかけに親友になったら素敵なことだけど、無理に仲良くならなくてもいいのよ。目的は子育ての情報共有なんだから。推し活だって義務感を覚える必要はないのよ。誕生日を祝いたいならイベントに参加すればいいし、賛同しないものには無理に参加しなくてもいい。もし参加を強制するようなコミュニティなら距離を取ったほうがいいよ。

杏子　推し活って意外と大変なんだね。

YOU　推し活に限らず、コミュニティを自分の居場所だと思い込みすぎると、期待や依存が発生してつらくなるよね。恋人関係もそうだけど。

杏子　そう。だから最初に絶妙な距離感を見極めることが必要だね。

ライター　一方で、気心が知れた友人でも、旅行となるとまた話は変わってきますよね。

YOU　旅行はクセモノよ～。好きな友達でも、楽しく一緒に旅ができるかどうかはまた別。こればかりは実際に旅をしないとわからないものよ。旅になるとなぜかわがままになっちゃうとかね。

杏子 でも、気が合う友達との旅行は格別に楽しいよね。一人行動ができる者同士なら、昼間はそれぞれ好きなことをして、ディナーに集合するということもできるし。

YOU 杏子は編集者で情報もたくさん知っているから、周りから頼られちゃうこともあるんじゃない？ 編集やPRをやっていると、仕事並みの段取り力を発揮して疲れちゃうなんてことも聞くよ。

杏子 それは旅だけじゃなくて、食事会や内輪のパーティでもそう。つい張り切ってしまって疲れちゃうことはあるんだよね。

YOU 時間をかけて「帰るキャラ」を定着させるのも手よ。私の「パーティはいつも途中で帰るキャラ」は20年構想よ。最初は「なんで帰るの？」と不満を言われたけど、最近は「YOUはいつもそうだよね」ってみんな理解してくれる。もちろんどこかでちゃんと穴埋めをすることは必要だよ。長い友達とは、そうやって無理のない範囲で心地いい付き合いを築いていくといいと思う。

大人の恋愛　ときめき編

ライター　今回のテーマは、大人の恋愛についてです。

YOU　突然どうした？

ライター　個人的な悩みなんですが、胸のときめきが全くないまま数年がたち、一生このままなのかなと不安になりまして。

YOU　恋は、ある日突然出くわすアクシデントだからね。相手が必要だから、一人でどうこうできることじゃないし。

ライター　恋愛マスターであるYOUさんは、今もときめくことはあるんですか。

YOU　もちろんよ。ときめきでしょ？　とき、め、キ…。あれ、なんだっけ？

杏子　相手のことを四六時中考えたり、会ったばかりなのに、電話してもいいかしらって、ドキドキしたり。

YOU　ああ、それね。あるある。一応言っておくけど「本屋で偶然、同じ本に手を伸ばしてハッとする」なんてメグ・ライアン（映画『ユー・ガット・メール』）みたいなことは現実には起きないからね。ときめきが欲しいなら、こっちから積極的に行かないと。

ライター　やっぱりそうですよね。

YOU　しかも年齢を重ねた大人なら、こっちから声をかけるくらいじゃないと。年下から年上には声をかけづらいじゃない？　大人は自分から心を開かなきゃ。まずは街に出て、いろんな人と友達になるところからでしょ。

ライター　でも、アラフォーが声をかけたら嫌がられるんじゃないかなって…。

YOU　そんなこと言ってたら、すぐに年を取って死んじゃうよ！　意識を変えなきゃ。若い頃は待っていれば誰かが声をかけてくれたけど、そんな時代は終わったの。大人ならいろんな意味で頑張らないと。年上は知識もあってパワーもある。でも、ちゃんと身ぎれいにしていて、年下と食事に行ったらお金も出してあげて。そうじゃないと若い子に失礼よ。

ライター　お金はこっちが出すんですね。

YOU　ちょっと、年下におごってもらうつもり？　大人ならそれなりに頑張らないと。若い子だって、経験豊富な大人に話を聞きたいと思ってる人はたくさんいると思うよ。相手が年上でも年下でも、お互いの思惑が合致して対等な関係になったら、そこからどう転がるかわからない。でも、ただ漫然と「ときめきたい」と言ってるだけなのはどうかしらね〜。

杏子　年下に積極的になれないのなら、年上をつかまえて「最期まで看取ります」くらいの覚悟が必要かもね。

YOU　相手の年齢関係なく、こっちの人間の器を大きくしておく努力も必要ね。それに、声をかけたくらいで嫌がられたりしないよ。そうだとすれば、前のめりすぎるんじゃない？「絶対に付き合う！　あわよくば結婚！」みたいな切羽詰まった雰囲気を出してたら、誰だって怖いわ。まずは「話してみたら、楽しい人だな」ってとこがスタートじゃない？

ライター　ときめきはその次なんですね。

YOU　そりゃそう。でもね、今がつまらないと感じているなら、それは自分が変わるチャンスなのよ。なんにせよ行動してみて。

ライター　僭越ながら…、ＹＯＵさん流の恋愛メソッドってあるんでしょうか。

YOU　ねえわ！　まあでも、程よいスキは必要かもね。大人になればなるほど、相手に「声をかけたら失礼なんじゃないか」と思わせる可能性があるから。年下が声をかけても笑って許してくれそうな安心感も欲しいところだし、もし誘いを断るときも、冗談にしてあげて一緒に笑い合えるくらいのユーモアセンスも必要。大人って、やることがいっぱいあるのよ。

大人の恋愛　器の大きさ編

ライター　飲みに行くところまでたどり着いたとして、その後どうしたらいいんでしょうか。

YOU　それは自分で考えて～！！　楽しい時間を過ごして、相手に「また会いたいな」と思ってもらえたらいいのよ。でも、大人はただ座ってるだけじゃダメよ。その場の空気を察知して会話を回さないと。自分の満足より相手に楽しんでもらうことが大事だから。

杏子　飲みの席でのYOUの会話術はすごいよ。圧倒されるよ。その場にいる人に話しかけて、誰でもすぐに友達になるんだから。

YOU　いろんな人と友達になったほうが、人生は豊かになるでしょ。パートナー一人に夢中でもいいけど、私は、映画、食事、旅行と、そのときに合わせて一緒に楽しめる相手がたくさんいたほうがいいなと思っているのね。むしろパートナー一人に全てを背負わせるほうがかわいそう。まあ大人で独身なら、そういう楽しみ方もできますよって話だけど。

ライター　そこから恋愛に発展したり？

YOU　それもいいけど、修羅場を含めひと通り経験してる大人なら、〝寸止めの楽しみ〟もあるわよ。ちょっとテクは必要だけどね。

杏子　YOUはもう結婚はしないの？

YOU　子育てがひと段落したから、今は自由に遊びたい。私の場合は、誰か一人に縛られるより、程よい距離を保っている人が何人かいたほうがいいの。今は一人と向き合うより、気の合う友達がたくさんいて、パートナーとはどこかでつながってるくらいのほうが心地いい。考えてみると、既婚者は常にパートナーのいいところを見つけて尊敬して、あとは全部目をつぶるくらいじゃないといい関係も維持しにくいだろうから大変だよね。どちらにせよ、大人になると奉仕の心は大事ってこと。

杏子　若い頃とは違うのよね。

YOU　40代だけじゃなくて、30代になるときも「ちやほやされないぞ。いつもと様子が違うな」と感じる瞬間が来るの。そういうときは、だいたいこっちの感覚が間違っているのよ。相手が何を望み、どんなことに興味があるのかを察知して、話題を提供し楽しんでもらう。それが大人の武器よ。あと、知らないことは正直に「知らない」と言える気持ちも大切よ。「あー、それね」と知ったかぶってるヤツほど面白くない！　何事も年齢とともに変わっていかないとね。アップデートのタイミングは「何かおかしいぞ」と感じたときがチャンス。どんどん新しい知識をインプットして、どんな話題にも対応できる引き出しを増やしていくのよ。考えてみて。少女のように何も知らない50代女性に向かって、若いメンズが「付き合ってください」という可能性。それってなかなかのものよ。

結婚と少子化を考えてみる

杏子　最近、気になることは？

YOU　家族がいて仕事も順調な40代半ばの男性が「俺はこれでいいのか問題」に直面しているという話を2、3件ぐらい立て続けに聞いたの。リビングで妻と子どもの笑い声を聞いているとすごく幸せなのに、ふと虚無感に襲われるんだって。昔はバックパッカーとして海外を渡り歩いていた人が、仕事で成功して人柄も丸くなって。でも、ふと「俺はこのまま老いていくのか」なんて不安がよぎるらしい。それで、昔、好きだった曲を聴いて、複雑な気持ちになったりするんだとか。

杏子　揚げ句に不倫しちゃったり？

YOU　許されるか許されないかは別として、そういうこともあるかもね。女性の場合は、30歳前後に仕事が軌道に乗ってきて、結婚はどうするか、出産は早いほうがいいのかという葛藤があるでしょ。そのあとも、いつ女の現役から退いてしまうのかと悩んだりするけど、男性はそれが働き盛りの40代にやって来るのかもね。私もね、ちょっと気持ちはわかるの。みんなに気を配って、各方面のゴタゴタを穏便に済ませて、できるだけいい仕事ができるように頑張っているのに、たまに外で飲んで暴れたらすぐに週刊誌に書かれて！

杏子　おつかれさま…。確かに、ある一定の成功を手に入れたら、次のステージが見えなくて焦ることはあるのかも。

YOU　だからって、誰もが不倫するわけじゃないけどね。不倫もさ、全くの他人が勝手に暴いて、一斉に叩きまくることはないわ。夫婦間の問題でしょ？　もちろん、家族にお金を渡さないとか、DVなんて人は論外だけどね。極端な話、日本も一夫多妻制にすればいいんじゃないかな。一定の社会的地位と経済力がある人は、3人ぐらい妻がいてもOKにするとか。だって、普通に考えれば妻をたくさん持つほど、経済的な負担は大きくなるし、みんなを平等に愛せるほどの器の大きさも試される。それに耐え得る人だけが、たくさん子どもをつくれば、少子化解消につながるかもしれないよ。

杏子　それなら女性もたくさん夫を持つ人がいてもいいんじゃない？

YOU　女性は出産の問題があるから、男性と全く同じ条件にはならないだろうけれど、確かにそうだよね。子育てといえば、養子や里親のハードルの高さは改善されないものかな。

杏子　猫の里親になるのも厳しい審査があるんだよ。しっかり育てるためには必要なのかもしれないけれどね。それでいうと、ゲイカップルの里親も、2017年にやっと大阪市で認められたんだよね。

YOU　日本はまだまだ変えなきゃいけないところがいっぱいあるわ！　マツコ（・デラックス）ちゃんが大企業のCMにバンバン出演している時代に、ゲイカップルが里親になるハードルが高いだなんて！　同性の婚姻制度もまだ制定されていないでしょ。一部の自治体がパートナーシップを認めているけれど、初めの一歩からなかなか進まない。日本は問題が山積みよ！

杏子　ファッション業界は、セクシュアリティに対して比較的自由な雰囲気があるけれど、一般的にはカミングアウトの問題だってあるしね。

YOU テレビ番組でも、ご両親にカミングアウトするドキュメンタリーを放送してたりするけど、私からしたら子どもが元気ならそれだけで十分だと思っちゃうのね。

YOU 家庭によっていろんな事情があるけれども。話は変わるけど、VRが発達していくと、いずれは恋愛やセックスもヴァーチャルで十分なんて人も増えてきそうだよね。そうしたら今以上に少子化が進行するのかな。

杏子 子育てはお金がかかるものね…。

YOU これは声を大にして言いたいんだけど、年齢的に子育てと介護が同時にやって来る人たちもいるでしょ。しかも、私たちの世代が高齢者になったとき、年金をもらえるのかも不透明。だから後々「こんなにかかるなんて聞いてないですけど！」とならないように貯金しておかないと本当に大変だと思うの。

杏子 2053年には日本の人口が1億人を下回り、その約4割が55歳以上になるという推計もあるとか。

YOU 四半世紀なんてあっという間よ…。いずれ、子どもや孫の世代が苦労することになるんだよね。すでに格差社会になっているし、子どもの給食代すら苦しんでる家庭もあるのに。国は何をやってるのかしら！

問題は結婚式のその先

杏子　ＹＯＵは若い頃、好きなタイプはどんな人だった？

ＹＯＵ　タイプとかないね。今もそうだけど、背が高いとかのわかりやすい条件はなくて、素敵だと思ったら自然に恋に落ちる感じ。今は結婚も出産も関係ないから、フィーリングが合って、話が面白かったら、ご飯食べようよって誘っちゃう。

杏子　一目惚れをしたことはある？

ＹＯＵ　一目惚れはないかも。いつも、話をして相手を知ってから好きになる。でも、恋愛と結婚で、相手に求めることって違うかもね。結婚となると、一緒に生活することが想像できる相手かどうかってこともあるし、子どもについても話し合わなきゃいけないしね。

杏子　若い頃から結婚願望はあった？

ＹＯＵ　最初の結婚が早かったから、結婚願望が芽生えるよりも先に、気がついたらもう結婚してたの。だから、結婚したいと思ったことがないのよね。

杏子　もし結婚願望のある人にアドバイスするとしたら？

ＹＯＵ　そうだなぁ。例えば、どこかのお店に一緒に入って、店員さんに横柄に接するような人は気をつけたほうがいいと思う。最初は大切にしてくれても、そのうち、こっちを下に見てくる可能性がありそう。逆にいうと、こっちが店員さんに横柄な態度で雑なことしてたら相手も嫌だよね。人って経験を重ねるほど寛大で優しくなれるはずだよね。でも、いい大人なのに「あれ?」と感じたら、その直感には従うべき。もちろん、自分もそうならない努力が必要だよ。

杏子 それは気をつけたほうがいいね。

YOU それと、結婚をゴールにしないこと。結婚を目標に婚活するのはいいと思うよ。でも、結婚がゴールになると、その先、しんどいだろうなって思うの。相手に期待するばかりじゃなくて、相手のいいところを見つけて、こちらから優しさや愛を提供できる人であってほしいな。王子様がやって来て自分は何もしなくても幸せにしてもらえるなんてことはないから。結婚は二人で築き上げていく作業だから。結婚式が人生のメインイベントになってしまうとあまり良くないのかな。

杏子 結婚式は好きじゃない?

YOU そんなことないよ。後輩の結婚式に行くのは楽しいし好きだよ。ただ、ウエディングドレスを着ることが人生の頂点ではないよと伝えたい。結婚式のその先が長いのよ。だから、結婚後の生活についてちゃんと考えていないと、「こんなはずじゃなかった」と相手のせいにしてしまったり。それは人間として未熟だからね。結婚する前に、もっといろんなことを妄想してほしい。ネットにいろんな情報があるけど、それは答えじゃなくて参考例だからね。結婚だって失敗してもいいけれど、他人の意見に従ってばかりいると、本当の意味の幸せを手にするのは難しいなって思うの。

結婚に逃げるべからず

杏子　仕事と結婚はいつの時代も大きなテーマだけど、20代ですでに先の人生が見えてしまったから、結婚に逃げたいという人もいるらしくて。

YOU　結婚は好きなときにすればいいけど、20代で先が見えたなんてもったいない！　その年代だったら面白いことばかりなのに。やっぱり今は情報過多なのかな。私たちの若い頃は、スマホもネットもなくて情報が少ないからワクワクしたし、自分から面白いことを見つけに行ってた気がする。若い子たち！　情報の渦にエネルギーを吸い取られてる場合じゃないわよ！　あなたたちが、これからの社会をつくっていくんだから。

杏子　少子化で、若い世代の人口が少ないのも不安要素なのかも。

YOU　そうね〜。オジさんオバさんが元気なのはいいけど、若い世代をサポートする大人が少ないなと感じてはいる。ある程度の年齢になったら、第一線をキープすることより、若い世代にチャンスをあげないと。失敗しながら学ぶことって絶対にあるから。

杏子　政治の世界は特にそうだよね。

YOU　若い政治家が少なすぎる！　大御所政治家も体調に不安があるなら若い人に席を譲ってあげてほしい。それに「投票したって何も変わらない」と諦めている若い世代も多いけれど、本当はそう思わせちゃいけないハズよ。それに若い人たちも人生に希望が持てないなら、一度、海外に出てみるのもいいんじゃない？　杏子も18歳でイタリアに行ったしね。

杏子　ファッションの勉強をするためにね。日本以外の価値基準を経験すると、物事を見る目が変わるよ。

YOU　もし海外が難しいなら、好きな仕事に熱中してみるっていうのでもいいかもしれない。とにかく、結婚に「逃げる」って考え方は危険すぎる。いつまでも自分を裏切らないで愛してくれて、毎月給料を運んでくれて、しかも休日には子どもの面倒を見てくれる。そんな夫は理想かもしれないけど、現実はそんな人ばかりじゃない。それが実現できなかったとき「人生詰んだ」って絶望しちゃうから。もっと外に目を向けて社会とのつながりを実感してほしいなって思うの。

杏子　20～30代は次世代を担う子どもたちを育てる年代でもあるから、しっかりしないとね。

YOU　育てる親の視野が狭かったら、子どもたちが大人になったとき大変よ。だから、女性の社会進出って本当に大事。フルタイムでもパートでも、どんな職種でもいいから、社会とつながっていてほしいな。そりゃ社会に出たら責任も重くなるし、いいことばかりじゃないよ。でも「先が見えちゃったんで結婚します」で幸せになれる気がしないのよ～。今回は小言みたいで申し訳ないんだけど。

杏子　小さな心がけが未来につながっていくものね。

YOU　だから、まずは携帯をしまって！　スマホが便利なのは私も知ってる。でも顔を上げて周りを見たら、前から歩いてくるオジさんが面白い髪型してるかもしれない。どうしてあの髪型なんだろうって想像してみて。世界はそこから変わるから。

弱気な男子が心配です

杏子　最近、どうしてる？

YOU　お仕事も充実して、毎日、楽しく過ごしてるよ。友達とか後輩と飲んだり。年齢性別問わず、気の合う子と出かけてる。映画も趣味が同じ人と一緒に見ると楽しいじゃない？　食事も舌の合う子と行けば楽しいしね。考えてみると、一緒に遊んでる子たちの中でも、元気なのは女子が多いな。年代問わず。男子の、特に若い世代は心配になる子がけっこういる。

杏子　おとなしい子が多い印象？

YOU　しゃべることが苦手な子が増えた気がするの。主語がない、話しながら語尾が消えていく。「具体的に何をどうしたいの？」って、こっちから聞かないと何が言いたいのかわからないことが多くて。本が好きで文の組み立てが得意な子もいるけど、5W1Hがふわっとしている子が多い気がするの。ゲームやネットは一人で楽しめるし、友達との会話もSNSで、対面のコミュニケーションが減ったからなのかな。ただ、仕事をし始めると変わる子もいるんだよね。特に俳優だと先輩に接する場面も多いし、自ら発言する場面も増えるから、劇的に変わることもある。（村上）虹郎なんか、最初は「敬語は大丈夫？」ってくらい心配だったけど、1年でメキメキと一人前になったもの。だから自覚とやる気なのかな。

杏子　弱気な男子にYOUが世間のことを教えてあげることはある？

YOU　人によるな。「怖い」と言われると「そっかー、じゃあ頑張って」と距離を置いた付き合いになるよね。無理にこっちから強制できるものでもないし。その子自身がどうにかしなきゃと思ってるなら、こっちも教えてあげられるんだけど。

杏子 日本には「大人の女性は怖い」という風潮があるよね。

YOU そんなこと言われたら、年を重ねるほどに居心地が悪くなるし、それを見た若い女子だって誕生日が怖くなるよね。

杏子 イタリアから日本に戻ってきたとき、イタリアでは「まだ24歳」だったのに、日本では「もう24歳」と言われ、一気に年を取った気持ちになったな。

YOU 日本は若さを尊ぶけれど、本当は成熟することもすごく楽しいことなのよ。若い頃より自分のできることが広がるし、自分の好きなものを選ぶことができるようになるもの。若い頃は将来の可能性はあるけど、大人になったら自分の手で叶えられることがたくさんあるから、私は年を取るって楽しいよって言い続けたい!

杏子 男性はいつまでも未成熟なままだと、大人の女性を恐れてしまうのかも。

YOU 男子が懐の広い大人になるためには、若いうちから第一線で戦って自分を磨いておかないとね。男子はおじさんたちがいつまでも頑張ってるからチャンスが少ないのかもしれない。おじさまたち!早く彼らにチャンスを与えてあげて!現場も大事だけど、育成はその何倍も大事よ!あとは、お母さんの存在ね。「ウチがよければよそは関係ない」というお母さんの下では、能動的で積極的な男子は育ちにくいから。となると結局、元気な男子を増やすにも、社会のことを考えられる女性が鍵なのかもしれないね。

楽しい旅は友達だのみ

杏子　YOUは最近、国内旅行によく行ってるよね？

YOU　行くよ。特に去年はたくさん旅行したな。温泉宿でゆっくりするより、旅先でも飲みに行っちゃう。1日だけ昼すぎまで眠れる日があれば大丈夫。

杏子　旅の計画は自分で？

YOU　周りの人にお任せすることが多いよ。旅先に知人がいると、地元のご飯屋さんや飲みの場をセッティングしてくれて、そこに乗っかる感じ。先に向こうから希望を聞いてくれて、ご飯とか行きたい場所をリクエストしたら、あとは地元の人にお任せします。

杏子　理想的な旅だね。

YOU　そうなの。国内だと、裏原宿のアパレルつながりが多いかな。知り合いのブランドが日本各地にショップを出していて、そこのスタッフも知り合いだったりすると、アテンドしてくれたりするの。伊勢に行ったときは、(藤原)ヒロシくんのお姉さんの家によく泊まらせてもらうの。おいしいものを食べて、伊勢神宮にお参りに行って。「もはやここは私の地元なのでは」っていうくらいリラックスしちゃうのよ。日本中にそういうつながりがあるっていうのはうれしいことよね。

杏子　それって人徳だよ。

YOU　優しい友達のおかげ。みんなに助けられまくりよ。裏原宿も25年以上の付き合いになるから、昔からの友達が今や日本中でお店を展開していたりするし、京都では友達がホテルで働いていたりお店をやっていたり。金沢もそうだね。それからミュージシャンや芸人の友達の地方公演に顔を出して、ご飯屋さんに連れてってもらって、お店の人やお客さんと顔見知りになることもある。どんどん知り合いが増えていくんだよね。みんながいろんな情報を教えてくれるから、最近は旅先での失敗がない。特に年下の子たちが本当に良くしてくれるの。ありがたいことにね。

杏子　お店の人もYOUが来たら、良くしてくれるでしょ？

YOU　タレントの利点はあるかもね。関西では『ごっつ（ダウンタウンのごっつええ感じ）』に出てたことが大きいな。顔を知ってくれてるから、ありがたいことだなって思う。でも、そんな芸能人っぽいことも国内だけよ。パリに行くとリセットされるの。店員さんから「たどたどしい英語の日本人が来たぞ。面倒くさっ」って冷たい扱いをされるから、「さーせん、そうっすよね」って謙虚な気持ちを思い出す。それも大事よね。

杏子　どこへでも一人旅ができそうだね。

YOU　海外でも友達がいる街はそうだね。それに、旅行だけじゃなくて、実家が農家っていう子がお米や野菜を送ってくれたり。本当に友達ってありがたい。年齢を重ねるごとにそう感じるわ。

恋人よりも友達が大事

杏子　噂によると今、縁切寺が人気らしいよ。

YOU　恋人との縁？　お参りまでするくらいなら別れたらいいのに、そうもいかない場合があるってことか。

杏子　恋人と別れるときはどうしてる？

YOU　たいてい次に好きな人ができて別れるから、相手に正直に言う。もし向こうが別れたくなくて、スパッと関係を断つことができなくても、そのうち自然消滅しちゃうことが多いな。たまに何度も電話してくる人もいるけど、そんなときは相手の携帯番号を登録から消しちゃうの。でも、そうするとかかってきたときに名前が表示されないから、うっかり電話に出ちゃって、もう一回モトサヤに戻るみたいなことはあった(笑)。でもわりといつも別れはあっさりしていたから、もしかしたら、相手も私も、お互いそんなに好きじゃなかったのかもしれない。仕事でも、これまでデビューしてからいくつか事務所を変わったけれど、しこりを残すような辞め方じゃなかったの。そのときはちょっとギクシャクしても、事務所を離れたあとで関係が改善されたこともあったし。

杏子　「この人がいなきゃ！」という経験は？

YOU　そう思ったのは息子が初めてだったから、人生の中でやっぱり恋愛を重要視してないのかもしれない。彼氏より友達のほうが大事だもの。だって肉体的なつながりがなくても、信頼だけでつながっている関係なんて最高じゃない？

杏子　友達と恋人でいうと、例えば同じコミュニティ内で付き合ったら別れるときはどうしてる？
気まずいよね。
YOU 付き合っている間に彼氏のコミュニティに私が入り込んでみんなと仲良くなって、別れたあとも私が居残るパターンが多いの。だから、元彼には「いい友達を私に授けてくれてありがとう」って感謝してる。今も、元彼の友達を訪ねて旅行したり、その友達だった人が今や私と大の仲良しになって旅行のアテンドしてくれたり、日本中にそういう人がたくさんいるのね。東京にも元彼のつながりで知り合った人もいっぱいいいる。もし元彼に会っても、お互い「元気だった？」と挨拶するよ。もしかしたら向こうは私のことを恨んでいるかもしれないけれど、私にとっては顔も見たくないほど嫌いになった人は一人もいない。私はラッキーだったんだと思うよ。
杏子 「恋愛のYOU」だと思われがちだけど、本当は「友情のYOU」なのね。
YOU 恋愛も大好きだし、彼氏と遊んでるのも楽しいよね。でも、やっぱり、私の人生のメインは友達。友達といる時間がいちばん楽しくて大好き。家族よりも友達だな。息子は例外だけど。私の魂（ソウル）は家の中じゃなくて、いつも家の外を漂っているの。特にお酒のある場所あたりに。
杏子 きっと周りの人から好かれる星の下に生まれたのね。
YOU それはどうかわからないけど、実は一人行動が苦手で、パーティにも絶対に友達と一緒に行くのね。行った先に友達がいるだろうとわかっていても、絶対に一人では行かない。私が生きていくには友達が必要なのよ。

大人の「推し友」づくり

杏子　大人になるほど、友達の存在は大事だと話しているけれど、大人になって友達をつくるのはなかなか難しいよね。年上から年下まで幅広く友達がいるYOUは、どんなきっかけで仲良くなるの？

YOU　仕事のつながりで友達になることがほとんど。仕事の合間の雑談で、ご飯に行こうという流れになって親しくなることが多いかな。共演者の方やスタッフさんは年齢の幅も広いから、70代から10代までいろんな人と友達になるよ。こういう仕事だから、会社員の場合とは違うかもしれないけど。

杏子　仕事以外でも会いたいと思われるのは、YOUの魅力あってこそなのかも。

YOU　私の立ち位置もちょっと特殊よ。ドラマや舞台では、役者として呼んでいただいているけれど、制作陣と俳優チームのつなぎ役というか。現場で私がいろんな人とざっくばらんに話をすることで、大御所と新人俳優、制作陣の間をつなげる役割もあるのね。私はバラエティ班でもあるから、それを期待されてるのかもしれないけど。

杏子　自分の役割を把握しているのがさすが。そういう人は必要だよね。一般的な社会人だと、リモートワークが普及して、休日は友達とスケジュールを合わせるのも大変だし、自分には本当の友達がいるのだろうかと不安になることもあるらしいよ。一人暮らしだとなおさら寂しくなって。

YOU　オフィスでコミュニケーションする人も限られているだろうし、通勤中の電車で突然、誰かに話しかけるわけにもいかないしね。となるとママ友とか新しいコミュニティに接しない限り、友達づくりの機会はないのかもね。

杏子　仕事の現場では、どんなきっかけでご飯に行くことになるの？

YOU　最近はもっぱら推し活。私がいつも持ち歩いているグッズに、共演者や現場のスタッフさんが反応してくれて、そこでLINE交換して、推しの情報交換したりとか。推し活は友達ができやすいよね。ファンコミュニティのプラットフォームで、世界名地の人とコミュニケーションを取ることもできるし。

杏子　世界的なファンダムがあるとそうだよね。

YOU　私もね、最初は大人だから控えめに応援しようと思っていたの。でも慣れとは恐ろしいもので、どんどん大胆になってきて、携帯にステッカーを貼ったりグッズのソックスを履いたり。

杏子　趣味をきっかけに友達になるのは楽しそう。

YOU　ファッションでも料理でも、スポーツでもいいから、自分の好きなものを発信して、どんどん知り合いを増やしていくといいかもね。最終的には、その中でも自分の感覚に近い人が大切な友達になっていくよね。ネット社会になって、待ってるだけじゃ何も起こらないから、まずは自分から動いてみるしかない。年齢を重ねるとますます友達は必要になってくるよ。病院の情報を共有しないといけないから。

杏子　脳外科ならあの病院がおすすめとか、情報を回してくれるものね。

YOU　もはや友達が生命線よ。大人になればなるほどありがたみが増すから、今のうちちょっと頑張ってみてもいいと思うな。

韓国ドラマと、「クズ」との恋愛

ライター　ネットフリックスで、〝クズ〟との恋愛に揺れる韓国ドラマ『わかっていても』が人気ですが、クズな相手との恋愛にはコツがありますか。

杏子　クズといってもいろいろあるけれど、まずDV（暴力）は論外だよね。あとは浮気とお金？

YOU　若いときには誰もお金を持ってないはずだから、借金やギャンブル以外なら、ある程度、貧乏なのは仕方ないかも。ドラマの「わかっていても」は俳優のソン・ガンさん目当てで観たけど、彼が演じるジェオンは、一人に縛られたくないタイプのクズなの。主人公のナビは、魅力的なルックスで体の相性も最高だけどフラフラしているジェオンと、ナビに尽くしてくれる幼なじみのドヒョクの間で揺れ動くわけだけど、若い頃にカッコいいクズと別れられないのは仕方ない気もする。大学生くらいの年代なら、なおさら固い契りを交わすほうが少ないんじゃない？

杏子　でも、浮気が激しい人は困るよ。

YOU　他の人にもモテるのは、魅力的な証拠ともいえるから難しいところだよね。よくあるのは、若い頃にジェオンタイプと付き合いながら、しばらくしたらドヒョクタイプと結婚するパターン。ところで、杏子は過去にクズな相手と付き合った経験は？

杏子　若い頃、私の誕生日の前日に、私から1万円を借りて、そのお金でプレゼントを買ってきた人がいたな。

YOU　わお、杏子にもそんな経験があるのね！

杏子　しかも「うれしい？」と聞かれて、あまりのトンチンカンぶりに驚いた。その人とは1年も続かなかったけど。

YOU　そうなの。杏子のように賢い子は悟るのよ、魅力的なクズだけどこの人は私が求めるものを永遠に与えてくれないと。そしたら、こちらから去るのみ。そういう意味でクズとの恋愛は、引き際の判断力が鍛えられるよね。

杏子　確かに見極める力はつくね。

YOU　それに、相手に頼れないから、こちらの自立が早まる利点もある。大事なのは、結婚や出産が視野に入ってくる頃、相手が変わってくれるかどうか。ダメなら早めに見切りをつけて、望む生活を叶えてくれる人を探すのも手だし、自分が自立さえしていれば、相手はクズのままでもどうにかなる。いろいろやって結局ダメなら、いずれ離婚して再び自由に生きるケースもある。でも、今になって振り返ると、どの恋愛も楽しかったよ。私もフラフラしちゃうタイプだから、お互いさまってところもあったし（笑）。世間的にはクズだけどかわいいところがあって、面白い経験もできたから。

杏子　時間がたてば笑い話になるし、いい思い出になるよね。

YOU　とはいえ、暴力を振るう人、お金をせびる人は絶対ダメよ。だから、引きずられがちな人は〝正しい〟友達を大切にしてほしいな。友達は「アイツはやめたほうがいい」とうるさく言うかもしれないけど、結果的に友達が正しいことのほうが多い。

杏子　それは大事！　クズって〝ちょっとだけ〟ダメってことだから。

騒がしい時代を生きるために

ライター ここ数年、コロナ禍をはじめ思いもよらないことが立て続けに起こり、気持ちが落ち着きません。社会が不安定なとき、どんな心構えが必要なのでしょうか。

YOU 自分のことは自力でどうにかできるけど、時代の流れは止められないのよ。これまでも2001年9月11日のアメリカ同時多発テロ事件、11年3月11日の東日本大震災など、本当にいろんなことが起きて、平和な日常が続いていくわけじゃないんだと私たちは思い知らされてきたよね。

杏子 社会情勢もそうだけど、自分たちの身の回りの環境もどんどん変わっていく。当たり前のことなんて一つもないんだよね。

YOU 私がそのことを最初に実感したのは、バブルが崩壊したとき。それまでバンドブームで賑やかだった音楽業界がガラッと変わったの。契約終了や解散が相次いで、田舎に帰る先輩もいたし、なかには自ら命を絶つ人もいたのね。その頃、大槻ケンヂと「当たり前だと思っていたことは、ただ飽和状態だっただけなんだ」と話したことがあって。私たちは独立した個人として生きているつもりでも、時代の流れの中にいて、どうしてもその余波を受けてしまう。普段から耐性のようなものはつけておいたほうがいいかもしれない。

ライター そのつもりだったんですが、戦争、災害、さまざまな事件のニュースに、自分が思っていたより動揺してしまって…。

YOU 冷静でいることはできないけど、未来はポジティブに変えていきたいじゃない？　だから、その出来事の背景について調べたり、詳しい人と話して、勉強することは大事だと思う。情報の断片で自分なりの解釈をすると間違っちゃうこともあるし、一部だけ見て落ち込むなんてこともあるから。知識を増やして、そこから自分は何ができるかを探していくしかないかもね。

ライター　社会情勢や政治的な話題は、仲の良い友人同士でも意見が分かれることがあって、それを避けることがありますよね。

YOU　みんな考え方が違うし、それぞれが正論なのよ。意見のすり合わせができたらいいけれど、関係がこじれるのが嫌なら、自分が本音を言えるコミュニティ以外は、ご意見を拝聴するというふうに気持ちを切り替えたらいいんじゃないかな。それに人の言うことなんて1カ月もすれば変わるから、真っすぐ受け止めずに、心に余裕を持つことだね。

ライター　仕事が忙しくて社会貢献活動に参加できず、心苦しさを感じることも…。

YOU　いろんな参加方法があると思う。東日本大震災の被災地でボランティアをしたとき、私は力がなくて土砂の除去には全く役に立たなかったの。でも、地元の方たちとおしゃべりしたら、とても楽しんでくださった。忙しいなら募金したり、物資を送ったり、いろんなやり方があるから、参加できる範囲でいいんじゃないかな。その気持ちが大事だし、すぐに世の中は変わらないから、コツコツやっていくしかない。子どもたちが成長したときに恐ろしい世の中にならないように、できることをやっていくしかないよね。そのためにも、あまり落ち込みすぎず、頑張りましょう。

合コンでの魅力アピール術

ライター　YOUさんも杏子さんも、日頃から幅広い年代の方と接していますが、今の時代、魅力的な人ってどんな人だと思いますか。

YOU　人を笑わせるのが好きな人ならそれが魅力になるだろうし、寡黙だけど絵を描いたら上手っていう人も素敵だし。自分の個性を理解している人が魅力的なんだと思うよ。今も昔も変わらない気がするけど。

杏子　そうね。得意なことがあったり、優しくて気配りできる人はいつの時代も素敵だよね。

ライター　先日、20代の知人が合コンで自分の魅力をアピールするにはどうしたらいいかと悩んでいたんですが、今の若者はどうなのかわからなくて。よく聞く〝面白い〟というのは今でもモテる条件の鉄板だと思います？

YOU　その人がみんなを楽しませるのが好きならね。話すのが得意じゃないなら無理はしないほうがいい。それより普段の立ち居振る舞いとか、気が利いたり、優しかったり、そういうところに惹かれたりするものよ。

ライター　髪型を整えたり、体を鍛えるのはアピールになるんでしょうか。

YOU　最低限の清潔感があればいいんじゃない？　昔だって、モテたくてバンド組んだり、お笑い芸人を目指したりというのはあったけど、そんなのただの取っ掛かりで、ギタリストや芸人になったからってモテるわけじゃない。それよりタイミングよく手伝ってくれたり、いつも優しいってことのほうが大事。それが自然にできるのもセンスとしか言いようがないけど。

杏子　聞き上手の人はモテるよね。

YOU　場を盛り上げる人より、優しく話を聞いてくれる人のほうが人気だったりするもの。

杏子　さりげなく話を広げてくれたり、気の利いた一言を返してくれたりする人には好印象を抱くよね。自分の話をするだけじゃなくて、ちゃんとこちらの話も聞いてくれる人は一緒にいて楽しいと思う。

YOU　自分の話ばかりする人は、初対面では面白くても、二、三回会うと、この人、自分自身にしか興味ないんだなと感じちゃうもの。これは合コンに限らず、全ての場面でそう。相手の話をちゃんと聞いて、その人の表情をちゃんと観察すると、自然と聞き上手になれると思う。それから、20代ならまず仕事。職場でも気遣いは学べるから。自分のやるべきことを見つけて、それを頑張る。同僚からも頼りにされるような人は、やっぱり魅力的だもの。それから仲間を大切にすること。周囲から好かれている人はポイントが高いよ。ちゃんとそういうとこも見られてるんだよね。

杏子　恋愛に限らず、人生において大切なことだと思う。どんなことでも近道や裏ワザはないから。

YOU　それからいちばん大切なのは、不特定多数にモテようとするなってこと。一人の相手と、しっかり関係を築くことに努めましょう。好きな人に好きになってもらえればいいんだから。その人を大切にしたいなら、いつも気にかけるだろうし、優しくするし、相手のことを知りたいから話だってちゃんと聞くのよ。恋愛はタイミングだから、まずは自分のことを頑張って。

気になる相手の誘い方

ライター　YOUさんが以前、ピエール瀧さんと対談したコンテンツで、瀧さんを飲みに誘う場面がSNSで切り抜かれて長い間バズってます。そこで今回は、YOUさん流の上手な誘い方について教えていただきたいのですが。

YOU　その動画、私は知らないんだけど。

杏子　ちょっと見てみようよ。

《視聴中》

YOU　なんでこれがバズってるの？

ライター　「誘い方が可愛すぎる。みんな真似すべき」という感じです。

杏子　YOUが飲みに誘うときはいつもこんな感じ。さりげないよね。

ライター　囁くような声量もポイントですか。

YOU　たまたま収録が始まる直前だったし、瀧は仲良しだから特に意識してそうしたわけじゃないのよ。誘い方といってもタイミングと相手によっても変わるからコツなんてものはない。私はそういうことが得意なほうではあるけど(笑)。男女問わず一方的にガーっと誘うこともあれば、相手にもっと選択肢を与えることもあるよ。

杏子　経験を積んだ上で体得したものなのね。

YOU　10代の頃から誘ったり誘われたりしているわけだし、特に恋愛の場面においては、自分の経験に加えて、友達の恋愛も隣で見てきたしね。映画や小説から学んだことなんかも蓄積されているのかもしれない。まあ、私の誘い方がいいと思ってくれたのなら、どうぞお試しください。でも、どう誘おうが、結局その相手とタイミングだからね。私も時にはもっと強気に行くときもあるし。

杏子　それはどんなとき？

YOU　例えばバーのカウンターに座っていると するでしょ。隣の子が素敵だなと思ったら、あごクイしてチューしちゃったりもします。

ライター　高等テクすぎる！！

YOU　もちろん強引にではないよ。いきなりだったら犯罪です。話をしながら、そういうことをしても良さそうな雰囲気になったときのみよ。そのときの相手の反応で、次のステップに進んでも良さそうかどうかわかるじゃない？

杏子　その展開にキュンとするかもね。

YOU　もちろん私だってたくさん失敗もしています。タイミングを間違えて怒られたり、チューしてみたら友達の彼氏だったり。若い頃の話よ。

ライター　ちなみに、自分から誘うことが多いほうですか。それとも誘われるのを待ちますか。

YOU　誘われ待ちをしたことはないかな。無意識にしているかもしれないけど、私は自分から誘います。人生の時間は短い。待っている時間の意味がわからない。もし断られたら次にいけばいいだけだから。

杏子　逆に、誘われたときに相手を傷つけない上手な断り方は？

YOU　仕事を言い訳にするのがいちばんラクだよね。でも！これを読んでる人のなかに「YOUさんに仕事だと断られたことがあるんだけど…」という人がいたら、違うのよ。イヤだったんだと思わないで！リアルに仕事だったり、思ったより疲れていて次の日もあるからやめておこうというときもあるんだから！

恋の相談窓口

杏子　やっぱり恋愛の話は面白いな。恋バナには人生のいろんな要素が含まれているよね。
YOU　よく後輩の恋バナを聞くんだけど、自分のことじゃないから、初めて見る映画みたいにワクワクするの。その子が困っているときは相談にも乗るし、悩んでいるなら一緒に考える。真摯に対応していますよ。
ライター　アドバイスをしたりもしますか。
杏子　私は、その子が相手から良くない対応をされていたら一緒に怒るし、いつも同じようなパターンの恋愛で苦しんで泣いていたら、もうやめなさいってキッパリ言っちゃう。その人がどんな環境に置かれているか、何を求めているかで、アドバイスの内容も変わってくるよね。
YOU　DVなんかはもちろん論外だけど、それ以外だったら肯定も否定もせずに、ただ聞くことが多いかもしれない。自分の体験をもとにした見解しか言えないし、それが正しいことなのかどうかは、その子の考え方、二人の関係性や環境でも違うしね。だから、むやみに「それは違うわ！」なんて言わない。結局、男の子も女の子も、ほとんどは聞いてほしいだけなのよね。アドバイスを求めているようでそんなに必要じゃない。だから基本は楽しく聞いていますよ。
杏子　そうだね。YOUもそうだけど、私たちの仕事柄、比較的幅広い年代との付き合いがあるじゃない？　だから私は10代の子に対しては正しい性の知識を教えることもあるな。セックスをすることになったら、相手は自分にとって本当に大切な人なのか、避妊も含めてちゃんとケアをするようにと伝えてる。何歳になっても子どもを持つのは覚悟がいることだし、予期せぬ妊娠は女性側が傷つくことが多いから。10代後半は大人に見えても考え方がまだ幼い人もいるから、性感染症も含めて、知識として一応ね。うるさくない程度に気をつけているけど。

YOU　若い人に対しては「知ってると思うけれど、念のためね」って。人生の先輩としてはこう思うよっていう話はするね。ただ、これが20代30代だったら、自分でいろいろ考えられるだろうから、よっぽどじゃない限り、本人の好きなようにすればいいと思う。いろんな人といろんな形で付き合って、時に暴れ回るくらい恋愛することがその人にとって必要なことかもしれないし。

杏子　本当にボロボロになるまで暴れ回ってたら「自分を大切にしてね」と一言添えるかも。気晴らしになってたらいいけど、毎晩泣いていたら、どこかのタイミングで気持ちを変えたほうがいいと思うの。自分のことを大切にしなきゃだめだよ、自分のことは自分だけしか大切にできないんだからねって。恋愛においては自分を大切にできているかどうかが重要なポイントかもしれない。でも、幸せな恋愛の話は聞いていてこっちまでドキドキするよね。疑似恋愛じゃないけど、幸せな気持ちになるな。

YOU　恋愛はこの世に一つとして同じものが存在しないからね。みんな幸せな恋愛を楽しんで!

子どもと親は別の人

ライター　YOUさんに相談なのですが、子どもがファッションに興味を持つように促すにはどうしたらいいのでしょうか。

YOU　まず根底から覆すようだけど、子どもが親の価値観をそのまま受け入れることはないよ。血がつながっていても他人だからね。たとえ親がファッション好きでも、子どもは興味なしってのはよく聞く話よ。親は、世の中にこういうものがあるよってことだけ教えて、あとは本人の選択だよね。

杏子　YOUがファッションやカルチャーに興味を持ち始めたのは、いつ頃から？

YOU　高校生になって、原宿に通い始めて、雑誌を見たり、好きなモデルさんを追うようになってからかな。親からの影響は全くなかったよ。両親と私は、選ぶ服も好きな料理も好みが全く違ったの。しかも親戚中で私だけ異色だったから、みんなに心配されたくらい。

ライター　子どもがある程度成長したら、親は見守るしかないんでしょうか。

YOU　私も最初は子どもにスポーツや習い事をさせたけど、小学生の頃かな、私と子どもは全く別の人間なんだって気がついたの。それからは、子どもが経験する機会を与えるだけ。それに、その子の特性もあるよね。客観性がある子なら、自ら周りを観察して他人の視点から自分はどうあるべきか考えるけど、そんなの全く気にしない子は、失敗しながら自分で気づいていくしかない。手を貸したくなるけど、そこは親が出しゃばるところじゃないから、ぐっと我慢して見守ることしかできないのよ。

杏子　思春期になったら、ちょっと離れたほうがいいかもね。

YOU　そうね。私の場合は、自分の友達を子どもにたくさん会わせたよ。いろんな価値観や人生があるんだよっていうのを見せたくて。子どもって、家と学校との往復で、いろんな大人に会う機会がないでしょ。だから、こんなに面白い人たちがいるんだよ、いろんな生き方があるんだよという例を見せるのはいいと思う。

ライター　確かに、子どもが普段接する大人は、先生と親ぐらいですもんね。

YOU　うちの子はもう社会人になったけど、一人の人間としてどう生きたいかと話をしたことがあったの。私自身は昔から大人びていたし、常に二者択一するような生き方をしてきたの。他人を助けるような生き方をするなら金銭的にも精神的にも余裕が必要。優しく生きるには、選択と覚悟が必要だという話をしたら、子どもの意見は違っていたの。AかBかを選ばなくても、人に優しくできるんじゃないかって。私は彼の根底にある優しさを知ってるし、現状も理解してるから、なるほどなって思った。お互いに意見が違っても、こういう話をするのは楽しいよね。でも、それでどう生きるかは、その子の選択。お互い別の人だってことを忘れないでね。

子離れして人生を取り戻せ

ライター　今回も子育ての相談です。子どもの成長はうれしいのですが、いつか独立して親元を離れることを想像すると寂しくて。

YOU　私はその感情は全くなかったな。私が一人っ子だったというのもあるのかも。3歳ぐらいの頃から、自分はずっと一人で生きていくんだろうなと思っていたもの。息子はもう社会人だから、彼の選択を私は見守るだけ。

杏子　寂しくなることはあった？

YOU　二度と会えなくなるわけじゃないし、彼の挑戦は応援したいもの。私には仕事もあるし、友達もいるし、やることがいっぱいある。子どもがまだ独り立ちしていないうちから想像するだけで寂しくなるっていうことは、子育てが人生の中心になりすぎてるんじゃない？　まだ小さくて手がかかるならともかく、中学生ぐらいになったら、親側は少しずつ自分の人生を取り戻したほうがいいと思う。子どもたちはどんどん自立しようとしているのに、親が子ども依存してたら、子どもにとって重い親になっちゃう。出産前にハマっていた趣味やコミュニティもあったでしょ。新しく始めてみてもいいよね。それぞれ家庭によって事情は違うだろうけど、親が自分の人生を歩んでいたほうが、これからの子どもとの関係も良くなると思う。

ライター　子どものことを最優先に考えることは、だんだん重荷に変わるんですね。

YOU　親が子どもの面倒を見てあげるという図

式じゃなくて、関係が対等になるほうがいい。デートだってそうだよね。「あなたのこと知りたいの！」って質問ばかりしていると、相手はだんだん面倒くさく感じてしまう。「あなたの話で私を楽しませて！」という受け身の態度じゃなくて、きちんと自分の意見を持って対等に話ができれば、付き合っていても面白いよね。反対に相手がこっちに全力で寄りかかってくることを想像してみて。重いわよ〜。親子関係もそれと一緒。やるべきことがあって、一緒に楽しめる友達もいて、自分なりの考え方もあった上で、子どもと付き合ってみたらいいんじゃない？

杏子　親としてじゃなくて、個人としての意見を持つということね。

YOU　そうよ。思春期になった子どもたちは、「経験と知識」という自分だけの「アイテム」を少しずつ揃え始める時期なの。ゲームと一緒でアイテムを持たないと戦えないでしょ。だから「どんなアイテムをゲットしたの？」って話を聞いてあげて。こっちが知らないものだったら「それって何？」と深掘りして「すごい！」と褒めてあげる。そうしたら、子どもたちはそれが喜びになるはず。もしこっちが知ってることなら「それならこれと合体すると面白いかも」と提案すると、親子の共有の話題になって、また新しい関係が築けるよね。

ライター　子育て中でも、親も自分の人生を楽しむべきなんですね。

YOU　当たり前よ。ただし、子どもたちは社会を勉強している最中で、まだ危なっかしい部分もあるから見守ってなきゃいけないけど、少しずつ手を離してみる。そうやって、親も子どもも少しずつ自立するといいと思うな。

自分事

第三章

大人の習い事

杏子　習い事って何かしてる？

YOU　過去に一度挫折した英会話に昨年、再チャレンジしたの。旅行では困らないけど、ちゃんと話せるようになりたいと思って。でも、4回目のレッスンで断念しちゃいました。

杏子　先生との相性の問題で？

YOU　いいえ。先生もスタッフも皆さん優しくて、私が英語を習得できるように努力してくださいました。でも、無理だった…。仕事が立て込んでいてずっと行けないでいると、モチベーションも途切れちゃって。やめるとき、先生は「どこかで英語は続けてくださいね」と言ってくれたけど、もう学校には行かないと思う。英語はこれから翻訳ツールがどんどん優秀になっていくだろうから、それに期待する！

杏子　仕事が忙しいと続けるのは難しいよね。

YOU　そうなんだよね。でも長く続けているものもあって。15、6年前からチェロを習っているの。今も年に数回くらいはレッスンに通っているんだけど、チェロは一生かけてやっていこうと思ってるよ。

杏子　チェロを始めたきっかけは？

YOU　まだ私の髪が長かった頃、チェロを弾いたら『101回目のプロポーズ』の浅野温子さんみたいにカッコよくなれるんじゃないかと思って。でも、やっぱりすごく難しくて、どれだけ練習してもプロの腕前には届かないけど、少しずつ上手になったらいいなと思って続けてる。それに、おうちに楽器があるっていうのもいいよね。音が大きいから、あまり練習できないんだけどね。

杏子　実は私も津軽三味線を3年ぐらい練習しているの。音楽はいいよね。

YOU　楽しいよね。小さい頃は大嫌いだったのに。子どもの頃、ピアノの先生が自宅に教えに来ると、公園に隠れて先生が帰ったことを確認してから家に戻ったりしていたもの。

杏子　子どもの頃はどんな習い事をしてた？

YOU　それこそ高度経済成長期だから、ピアノ、バレエ、習字、絵画、水泳、全部やった。いま思えばどれも経験しておいてよかったけどね。そういえば、大人になってから、友達とサルサを習いに行ったの。お酒を飲んでるときに「新しいことをやってみたい」と盛り上がって。よく友達から私は「明るい人代表」みたいに言われることがあるんだけど、サルサをやってみて明るい人ではないと実感したわ。もうすごいの。先生とセクシーなダンサーがグリングリン踊っていて、ここは東京じゃないだろうってくらい温度感が高め。米倉（涼子）のフラメンコが素敵だから、私も！と思ったけれど、私にはたぎる情熱は全くなかったわ。私の情熱はたまに素敵な洋服を見てボッと点火するくらい。

杏子　そのサルサはどのくらい続けたの？

YOU　レッスン2回で終了よ。くるくるターンしながら「ん？　私は何をしているのだ？」と冷静になっちゃって。今となっては、それも笑い話になるから、新しいことを経験するって大事だよね。

杏子　仕事に役立った習い事ってある？

YOU　私の場合、お仕事のために何かを習わなきゃいけないことは、ほぼないんだけど、着物の着付けは役に立ったな。もう忘れたことも多いから、いつかあらためて習いたいと思ってる。お料理は仲間内で得意な人がいて、友達同士が集まって教えてもらったり、ジムも続いてるしね。でもね、たとえ仕事に直結しなくても、興味があることは、まず体験レッスンを受けてみればいいと思う。私のサルサのように、自分に全然合わなかったとしても、その後ずっと笑い話になるからね。

自分自身のプロになる

杏子　「自分の機嫌は自分で取る」というセルフケアが話題だけど、YOUの場合は？

YOU　セルフケアというか、プライベートで遊んで発散するタイプなのね。仕事はありがたいことに毎日忙しくさせてもらっているけれど、プライベートも含めスケジュール調整はほぼ完璧に近い状態よ。仕事が詰まってる時期はしっかり休んでおこうとか、ストレスが溜まりそうだから友達と飲みに行こうとか。長く生きてると自分のことがよくわかるようになってくるの。美容面でも体調でも、これくらい休めば回復するよねって自分の統計が取れているから、もう無理な予定を入れなくなった。

杏子　そうやって調整しているのね。

YOU　私の仕事は忙しい時期とゆったりした時期との波があるし、急な変更も多いけれど、同じ仕事を何年も続けていると、ある程度の予想ができるようになるのね。よくテレビで「友達と飲んでストレス解消しているんです」と話しているけど、ただ飲むだけじゃなくて、実はもっと細かいことでもあって。お酒を誰と、どこで飲むのかっていうのも重要でしょ。リラックスする必要があるときは、そういう相手と場所を選んでるの。今でも予想以上に忙しくなることはあるけれど、通常運転のときはもう大丈夫。

杏子　自分の能力以上に予定を詰め込んでしまうってことは、もうないのね。

YOU　若い頃はそれもあったよ。それに5年ぐらい前までは今ほど上手にできなかった。まだ自分の体力を過信してたのね。その時期を経て、今やっと「自分自身のプロ」になったって感じかな。

杏子　私は自分の機嫌が悪くなると、疲れてるんだなと思ってとにかく眠るようにはしているけれど、まだ自分のプロといえる境地にまで達してないな。実は先日、予定を詰め込みすぎて、少し体調を崩してしまったの。お世話になってる東洋医学の先生に、少しゴロゴロしたほうがいいとアドバイスをもらって、心がけてはいるんだけど、頭を空っぽにして休むというのも難しくて。

YOU　無理に休んでもストレスが溜まってしまうなら逆効果だよね。例えば仕事の会食があったとして、体調を理由にお断りしたことで気に病むようなら、それは意味がないわ。心が休まっていないもの。だとしたら、ちょっと早めに退出させてもらったら？　体調が優れない人を無理に引き止めたりはしないでしょ。

杏子　つい長居しちゃって次の日ぐったり。このクセは直したほうがいいよね。

YOU　私も基本的には会食の雰囲気を楽しむタイプだけど、「気になるドラマが21時から始まる。でも、この会は深夜2時ぐらいまで続くだろう…」とモヤモヤし始めたら、スパッと失礼させていただく。私と付き合いのある人は、そういう人だって知ってるもの。「YOUならしょうがない」って。みんなに「そういう人」だと印象づけるのも一朝一夕じゃないのよ。長い時間をかけてじっくり築いてきたよ。

杏子　そこも含めて自分自身のプロなのね。

YOU　この年齢になると健康の維持は本当に大切だから、自分なりの方法を見つけるしかないよね。

全身黒をやめました

杏子　そういえば、最近、コムデギャルソンをよく着てる気がするんだけど。

YOU　20代の頃よく買ってたの。30〜40代は、女として浮かれてた時代だったから、肌を露出してハイヒールを履いてなんぼだったけど、いつの間にかギャルソンに戻ってた。やっぱり好きなんだよね。スカーフをリメイクしたものとか、チェックものとか。本格的に「ただいま」しちゃってます。

杏子　着たい服は変わっていくものだよね。

YOU　色も一時期は全身黒が多かったけど、数年前から、色や柄が派手なものを着たくなって。黒い服を買い尽くして満足したのかも。それに以前は足元は絶対にハイヒールだったけど、今はスニーカーが定番になったしね。30代の私からしたら、将来の自分がスニーカーを履いてるなんて考えられなかったわ。自分だけは流行に左右されないつもりでいても、時代と年齢で変わっていくのよ。人間だもの。

杏子　行きつけのお店も変わってきたり？

YOU　それはそんなに変わっていなくて。アンダーカバーは展示会でチェックするし、それ以外は仕事の合間にふらっとお店に立ち寄って買うことが多いかな。それから今は古着屋さんが楽しくて。行きつけのショップの店員さんから「変なものばかり買いますね」って言われるの。売る側としても「これ、どうコーディネートするんだろうな」と不思議に感じていたものを、私が喜んで買っていくみたい。でも、そういう服を着てるときに限って「かわいい！　どこで買ったんですか」と質問されることが多いんだよ。…ん？　よく考えると、それってお世辞なのかな。まあ、でも世間的に見たら、杏子も私も相当キテレツな服を着てるように見えるだろうね。

杏子　それは間違いないかも…。

YOU　同世代って何を着ているんだろう。ジル・サンダーのように上質でシンプルなもの？　そろそろエレガントなテイストを取り入れなきゃとは思うんだけど、気づいたらシュプリームのパンツをはいたりしちゃうのよ。エレガントなアイテムだって持ってるし、その気になればそれで全身をまとめることもできるのに、気持ちがまだそこへたどり着かない。気がつくと、ほとんどがキテレツアイテムで、まともなアイテムが一つだけだったなんてこともある。テレビに出演するときはなるべくきれいな服にしようと決めてるんだけど、気楽な仲間と飲みに行くとき、ふと「私、これで大丈夫かな」と我に返ったりして。

杏子　後輩は特に指摘しづらいところだろうしね。私も〝裸の王様〟になっていないか心配になることはあるよ。

YOU　わかる。年齢を重ねるほどに派手になる人がいるけれど、私もついにその領域に足を踏み入れたんだわ。全身黒もやめたし、本来持ち合わせていた特殊な部分が増幅しているのかも。若者たちは私たちにお世辞抜きの本当のことを言ってほしい。その意見はありがたく参考にさせてもらうから。ありがたくご意見を頂戴した上で、自由にファッションを楽しむわ！

大人のドリル学習

杏子　苦手なものを克服するとき、どうやってモチベーションを上げている？

YOU　プライベートで、好きじゃないことに手を出すことはめったにないな。もう人生を大きく変えたいっていう欲もないしね。ただし、それが仕事なら、とりあえずやる。役者さんには「納得いかない仕事は断る」という人もいるけど、苦手か得意かなんてやってみないとわからないし、あんまりゴネたりしてもカッコ悪いじゃない？　そういえばこの前、久々にドリルを買ったわ。

杏子　ドリル？　子どもの学習用？

YOU　中学3年生向けのドリルよ。息子用じゃなくて私のためにね。漢字なんかは読めるけど全然書けなくてびっくりした。英語も使わないとすぐ忘れちゃうし。あと、フランス語のドリルも買ったよ。舞台稽古の合間に、ササっと勉強するのにいいんだよね。若い頃、原宿のパレフランスにあったオーバカナルで、彼氏と一緒にドリルやったりしてたな。かわいいでしょ？　今も4年に一回くらいドリルを買ってみたりしてる。

杏子　確かに子どもの勉強を見てあげると、親のほうがすっかり忘れてるなんてことはあるかも。

YOU　学校の勉強なんてもはや記憶ゼロ。全く覚えてない！　地理なんて昔から苦手だったから、ロケ先が実はどこなのかもわかってなかったりして。マツコ（・デラックス）と（小泉）今日子は地理も詳しくて、特にマツコは知識があるから私は二人に頼って生きていきます。

杏子　でもドリルで勉強しようとする姿勢が素晴らしいよ。学生時代も勉強を頑張ったほう？

YOU　それ聞く？　学生の頃はちょっとぐらいしてたと思うけど、でも、私はパンクを聴いて、ピアスを開けて「大人は信じられない！」なんて叫んでたんだから。親戚中から「あなた大丈夫？」って心配されてたのよ（笑）。もちろん大学進学への意欲も情熱もなく、なんとなく専門学校に行って、モデル事務所に入って、オーディションに行けと言われたら「ふぁーい」みたいな。

杏子　音楽を始めたのも事務所から勧められて？

YOU　23、4歳の頃「ボーカルをやりませんか」と誘われて「いいよぉー」と始めたのがフェアチャイルド。どうしても音楽をやりたくて、というわけではなかったけれど、ミュージシャンにしても芸人にしても、どうしようもなかった若者が意外と今でも生き残ったりしているから、わからないものよね。

鍛えるのはなんのため？

杏子　普段どれくらいの頻度でジムに行くの？

YOU　週に一回くらい。ストレッチがメインで、少し鍛えたりもしてるよ。筋肉をつけたいわけじゃないから、ほどほどにやってるけど。

杏子　それは舞台のために？

YOU　普段から体をつくっておかないと舞台でけがしたりするしね。バラエティやドラマも収録が深夜まで続いたり早朝からだったり、時間帯がバラバラだから健康を意識しないと体調を崩しちゃうの。急に休んだらたくさんの人に迷惑をかける仕事だからね。とはいえ、お酒を飲むのも大好きだし、ヘルシーどっぷりにはなれないんだけどね。

杏子　そもそも体は柔らかいほう？

YOU　意外かもしれないけどめちゃくちゃ柔らかいの。だから、トレーニングはヨガよりもしっかり筋トレしたくなる。

杏子　アシュタンガヨガは運動量もあるよね。

YOU　ニューヨークで一度やってみたんだけど、意外とキツいよね。動きが少なくてストイックな運動より、ガッツリ「動いてる！」と実感できるほうが充実感はあるな。

杏子　やっぱり長く現役でいるために？

YOU　あまり先のことは考えてない。私たちの仕事の現役期間は自分で決めるものじゃなくて、オファーが来なくなったらおしまいなの。それに求められていることに応えられなくなったり、面倒くさいと感じたりしたら辞めたほうがいいと思ってる。何歳になっても私ができることならやるし、仕事も趣味も自分が楽しめることだけをやるのは、昔からずっと変わらないの。子どもも育ったし、もう自分から無理なことはしない。

杏子 子どもが独立すると、ひと区切りだね。

YOU もう手はかからないから、女友達と旅行や温泉に行ったりしてる。だから今、子育てに奮闘している人にお伝えしたい。大丈夫だから。また友達と遊べる時期がやって来るよ。

杏子 小さいお子さんがいる人は、かかりっきりだろうから。

YOU 毎日「子育てが大変！」と思っているうちに、いつの間にか子どもたちは自分の人生を歩き出すようになるの。そしたら親のほうも自分の楽しみが復活するから。ただ、若いときのように、未来を想像して「どうなるんだろう」とワクワクすることはなくなったな。もう大きな変化はないだろうし。この先、病気をしないといいなとかそれくらいかな。

杏子 年齢とともに考え方も変わるよね。

YOU 気負いすぎることはなくなったかも。あと夜通し飲むよりも、少し寝たほうがいいなと思えるようになった（笑）。30代後半から40代は大変だったもの。楽しすぎて（笑）。

杏子 長年YOUを見てきて、今はだいぶ変わってきたと思う。

YOU でしょ？ 全然違うよね。体力もあったから眠らずに働いて、食べるわ飲むわ恋するわ。それでも全然元気だったし本当に楽しかった。バラ色だったな〜。

40代は最強なのよ

杏子　若い頃と今と、どっちが楽しい？

YOU　よく「キレイなのは若いうち」と言われがちだけど、そりゃ若ければキレイなのは当たり前なのよ。肌にはハリがあるし代謝もいいし。だからといって、毎日が楽しいとは限らないよね。働く人だったら、若いうちはアシスタント業務が多くて、自分のやりたいことができるわけじゃないし、まだお金に余裕がないから生活していくだけでも大変じゃない？　それが30代後半になると、やりたい仕事ができるようになって経済力もついてくる。40代は買いたいものや食べたいものにも手が届くようになるし、まだまだ体力もあって肌もキレイ。そうなると毎日が楽しくないわけがないよね。20代より40代に恋愛したくなる人も意外と多い気がする。

杏子　大人が楽しいのは、働く人だけのことかな。

YOU　そんなことない。アクティブでキレイな専業主婦の40代もたくさん知ってるよ。だから、全ての40代女性は最強だと思うの。もし「もう40歳だから私なんて」と投げやりになっていたらもったいないよ！　楽しいのは今なのよ。真矢ミキさんのCMみたいに「諦めないで！」と言いたいな。

杏子　YOUも40代の頃、毎日をものすごくエンジョイしていたよね。

YOU　どうかしてたんじゃないかってくらいにね。だって、40代で頑張ってキレイにしていると、誰かに褒められたときに若いときの何倍もうれしいものよ。20代の頃に「かわいいね」と口説かれても「知ってる。だから何？」って感じだったけど、40代で若い男の子に「キレイっすね」と褒められると「私はまだイケるのね！」と、ことさらうれしいの。みんなにその喜びを味わってほしい。オンナの花盛りは30代後半から40代よ。忘れないで！

杏子　男性の40代はどう？

YOU　男性は一概に言えないのよ。経済力があっていいお酒を飲んでると、30代から体型がぽっちゃりしちゃって、40代にはすっかり落ち着いちゃう人もいるし、そうかと思えば、長年の努力が実って素敵な子と結婚する人もいるしね。40代の同世代夫婦は少し努力する必要があるかも。オンナの40代はちょうど男性の30代前半と同じくらいのパワーがあるから、パートナーのパワーについていけないと感じる男性もいるかもしれない。ノッてるオンナの勢いは止まらないから。

杏子　なるほどね。だからかな、40になると体を鍛え始める男性も増えるよね。

YOU　いつまでも少年のような体型でいろとは言わないけど、魅力的な「おじさん」になるのは大変なのかも。周りを見ていると、メンズは25歳あたりが境目のような気がする。ハタチを越えてお酒を覚えてどんどん酒量が増えて遊んでばかりいると、ぽっちゃりした30代になりがち。メンズは早めに気をつけておいたほうがいいな。女性はお酒を飲んでも、スタイルをキープできる人が多いんだけど不思議よね。どちらにしても、オトコの40代は頑張り時かもね。

「風の時代」と正しいカラダの使い方

杏子　神頼みってする？

YOU　健康をお願いするくらいだね。それだけは自分でどうにもできないから。みんなで楽しく旅行に行けるぐらいの健康が維持できたら、他は自分で頑張ればいいもの。

杏子　以前から、あまり先の目標は持たないと話していたよね。

YOU　そうね。自分がどうなりたい、どういうことがしたいというより、出合った仕事を一生懸命やるだけ。でも、目標に向かって頑張るほうが意欲が出る人もいるだろうから、それは人それぞれだよね。

杏子　今はYOUみたいに先の目標を立てないほうが動きやすい時代かもしれないね。「風の時代」って言葉を知ってる？　右肩上がりで成長を続けなきゃいけない考え方は終わって、新しい時代に突入するために、今まで動かしてきたものを一度止める必要があるんだって。もし今、停滞や後退していると感じても、それも次のアクションのためらしい。

YOU　今は先が読めない時代だよね。2年ぐらい先の目標を掲げたとしても、コロナ禍とか予想外のことが起きるし。それで目標達成されなかったら、仕方ないと思いながらもネガティブな気持ちになるから、私は健康だけを願うようにしてるの。健康は大事よ。何かが起きたときにちゃんと走って逃げたり、誰かを助けたり、やりたいことができるように、いつでも動けるようにしておきたいから。

杏子 なるほどね。YOUがよく「私にはゴミみたいな時間も必要」というけれど、それは力を蓄える時間でもあるのね。

YOU そうだね。私は気持ちがアガったりサガったりするより、一定で変わらないようにコントロールするほうが居心地がいいタイプなのね。コロナ禍でリズムが乱されたときも、いちいち落ち込みたくなかったし、何かのせいだと恨みたくなかったの。それもあって、計画を遂行するために力を注ぐことに興味がないのね。今だと思ったときに使える体と声、柔軟な思考力があればいい。それを保つために私にはゴミの時間が必要なの。

杏子 その考え方は風の時代らしいかも。いま健康のためにしていることはある?

YOU 簡単だけど、なるべく歩くようにしてる。ずっと続けてるのは週1のトレーニング。杏子もジムに通っているよね?

杏子 パーソナルトレーニングを4年ぐらい。体の正しい使い方ができるようになったら、体の痛みがなくなったし、体型も維持できるようになった気がする。

YOU 健康について、ちょっと言いたいことがあるわ。私は靴が好きだから、よくみんなの足元を観察してるんだけど、歩き方がおかしい人が多すぎる。靴のサイズが合っていないのかもしれない。いくらオシャレにしていても、姿勢が悪くて、変な歩き方をしていたら台無しよ。骨盤が歪むし、何かあったときに走って逃げられないじゃない?

杏子 確かに。今はスニーカーやフラットシューズがトレンドだから、歩き方をマスターするなら今がチャンスだよね。

YOU　歩くときにはちゃんと腸腰筋を使ってほしい！　腸腰筋は階段を上るときに使う筋肉で、ここをちゃんと使っていないと足を引きずるようなズルズルした歩き方になっちゃうの。観察していると、腸腰筋を使えていない人が多いんだよね。

杏子　骨盤が後傾して猫背になっている人も多いよね。猫背になると前腿が張ってしまうし、いいことがないよね。骨盤まわりの筋肉を鍛えて、骨盤を自在に前傾後傾できるようになると腹筋にもちゃんと力が入るし、ヒップアップにもつながるから、ここは頑張ったほうがいいと思う。

YOU　そう。それに生活するときには体の背面を意識するの。肩、背筋、お尻、ハムストリングス。歩くときも前面の筋肉ではなく、背面を意識して歩くようにするだけでも違うんじゃないかな。

杏子　読者におすすめの運動は？

YOU　まずはストレッチ。ＹｏｕＴｕｂｅを見て真似したり、自己流でするんじゃなくて、最初だけでもいいからきちんとしたトレーナーさんに正しい体の使い方を教えてもらったほうがいいよ。ストレッチは日々の積み重ねだから、間違った方法では効果が出ないよ。

杏子　トレーニング方法を間違えると余計な筋肉がついてしまうし、体を傷めかねないよね。ＹＯＵはいつ頃から本格的にトレーニングを始めたの？

YOU　40代に入ってから。幼い頃はバレエを習っていたし、学生時代はテニス部だったからずっと筋肉質で、何もしなくても腹筋が割れていたんだけど、50代に差しかかってトレーニングから一時離れたとき、やっぱり肉がついてしまって。何もしなければ筋肉は減る一方だから、それからは意識してトレーニングしてる。

杏子　私は仕事が忙しいと腰が痛くなるので毎朝ストレッチしている。ストレッチはどのくらいの頻度で？

YOU　私の場合は体が柔らかすぎて、ストッパーになる筋肉をつけないと逆にけがしやすくなるの。だから週1くらいかな。1週間分の疲労とか体の凝りをリセットする意味でね。

杏子　柔軟性が高いのはバレエを習っていたことも関係しているのかもね。

YOU　それはあるね。体の使い方にしても、手を伸ばして何かを取るときは、肩甲骨から動かして腹筋と背筋で支えるとか、しゃがむときも背中を丸めないとか。バレエから学んだことはたくさんあるよ。大人だからって諦めずに今からでもバレエを習ってみるのもいいかもね。クラシックを聴きながら体を動かすとリフレッシュするし、血行が良くなって美容にも効果がありそう。大人のためのレッスンを開催するスクールもあるよね。ジムにしても、初回は無料体験ができるから、試してみる価値はあると思うよ。でもまずは、靴のサイズを見直してほしい。それから、歩くときの筋肉の使い方。歩き方がさっそうとしていると、それだけで素敵に見えるよ。

美容整形のその前に

ライター 最近、美容整形が身近になり、10代や20代の整形も増えているそうですが。

YOU 好きにすればいいんじゃない？ ずっとコンプレックスに悩むより、自分に自信を持って生きていけるほうがいいでしょ。

杏子 私もそう思う。医療技術の進歩も目覚ましいから、アンチエイジングも含めてできることが増えたし、安全性も向上したよね。

YOU 二重まぶたに整形をしても、なにか違うなと思ったら元に戻せる場合もあるから、昔の「整形」のイメージとは違うよね。

杏子 ただ、タイミングは大事。以前、美容整形外科の医師から聞いたんだけど、成長過程にある10代は、まだ顔が変わる可能性があるから、成長しきった後に手術をしないと顔全体のバランスが崩れることもあるんだって。もし10代に強引に手術を勧めるようなクリニックがあるなら、そこで手術するのは考え直したほうがいいかも。

YOU そうだね。顔はパーツのバランスが最も重要だから、完全に成長が止まった後に施術するのがいいよね。それに高校生の頃は顔がパンパンでも、20歳近くになると自然とほっそりすることだってあるし、何もしなくても奥二重がくっきり二重になることもあるしね。大人も疲れているときと、たっぷり休んだ後では、肌のツヤやハリも良くなって顔の印象が変わるじゃない？ トレーニングして体を引き締めるだけでも、全体の印象はかなり変わるしね。それに若い頃は気になる部分ばかりを意識しすぎて、全体のバランスを見ていない場合もあるから、まずは自分を冷静に俯瞰して見ることも重要よ。その上で、ちゃんとした美容整形外科医にカウンセリングをしてもらって、本当に手術の必要があるのか、その病院、医師は信頼できるのか、タイミングは今でいいのか、費用を含めて熟考すること。いくら技術が進歩したとはいえ、リスクはあるわけだからね。少しでも不安があればセカンドオピニオンやサードオピニオンも必要だと思うな。

杏子　ネットにたくさん情報があふれているけど、きちんとした医療機関の情報を得ることも重要だよね。以前は「親からもらった顔にメスを入れるなんて」という声もあったけど、手術して未来が明るくなるなら、そのほうがいい。

YOU　もし親から反対されたなら、その親御さんも一緒に正しい知識を学んで、親子で理解を深めるといいよね。それに、最終的にはその人の人生だからね。「そのままでも十分かわいいよ」って言ってくれる人がいるかもしれないけど、結局、本人が納得できるかどうかなのよ。

杏子　私は大人になってから歯列矯正したんだけど、ホワイトニングもして口元に自信が出たら、自然に笑えるようになったの。気持ちもずいぶん楽になったよ。

YOU　でも、もし豊胸したら乳がん検査でマンモグラフィができないから困るとか、却下する要素が見つかったら思いとどまるのも一つの選択。リスクも含めて、自分に真剣に向き合ってみることよね。でもね、外野が何を言っても、自分の人生なんだから好きに生きなさい！　これは整形に限らず何でもそうだけどね。

エイジングの受け入れ方

ライター　年齢とともに変化する体と心を自分で受け入れるにはどうしたらいいのでしょうか。

YOU　個人差が大きい話ではあるんだけど、私の場合、明らかな変化が起きるのが遅かったタイプで、40代頃までは「若さを維持するための努力」とはいったい何のことかピンとこなかったの。でも50歳を越えて60歳を迎えたいま、完全に覚悟はできているわ。大人になると時間と努力と経済力、全部が必要になるの。子どもの頃のように黙っても誰かがごはんを運んでくれたり、何もしなくてもお肌ピチピチ、クラブで酒を飲んで踊り明かし、セックスライフも充実、仕事はいっぱいある、な〜んてのは永遠に続くわけがない。諦めましょう。ここからは第2章です。受け入れることがスタートよ。

杏子　その覚悟はすんなりできた？

YOU　この前、30代の男の子たちと遊んでるときに、ふと、彼らは恋愛対象ではなく、人間同士の付き合いをしているんだと感じたの。その分、本音で話せるようになった気がする。今まではどこかで、みんなが知ってる「YOU」を演じなくちゃいけないと思っていたし、40代あたりまではオンナとして生息してたから、すぐ恋愛モードにシフトしてたけど、もうそんなことは意識しなくていい。いま一緒に仕事する人たちが私にとって娘や息子みたいな年代ってこともあって、自然と大人になれたのかもしれない。年上の友達と一緒にいることで学んだところもあると思う。

ライター　確かに、身近にいる素敵な先輩を参考にするのもいい方法ですね。

YOU　そういえばあの人は80歳で免許を返納したなとか、そばで見てたからそれが目安になっている。だから、仲のいい後輩には「お祭りみたいな状態はずっと続かないのよ。今を大事にして」と布教してるの。若い頃に頑張ったら老後は楽になるなんて神話だからね。老後は老後で大変なんだから。

ライター　反対に若い頃にたくさん遊べなかった人は、焦りを感じてしまうかもしれません。

YOU　20代、30代で仕事を頑張ったり、結婚や出産でずっと忙しかったのに、ひと段落ついた頃にはもうこんな年齢！ってことはあるよね。私は特殊な例なんだと思う。私の場合、残りの時間に何が必要なのかと考えると、自分が着たいものを着て、好きな人たちと会うこと。今は10代の頃のように本当に好きな服を着てる。もちろん「一生涯オンナです」という人もとても素敵よ。自分の理想をやり切ってる人を見ていると気持ちいい。そうやって生きるには、動ける筋肉が必要だから、トレーニングは大切。

杏子　100％同感するな。私も恋愛は十分楽しんだから、いまは次の人生を生きている。

YOU　私たちは謳歌したからね。でも、もし「私、楽しんでないのに！」と思う人がいるなら、今すぐ着飾って街に出るのよ。人生を楽しんで。だってリミットがあるんだから。本当にやりたいことやって死にたいじゃない？　夫ともう一度恋愛するのもいいし、離婚して自分の人生を取り戻すのもアリだと思う。ただ肉体は衰えるから、まずは筋肉よ。優しく強く、たくさん動けるおばさんになりましょう。

推しが熱愛!? そんなときの心得

ライター とある海外のグループを応援しているのですが、メンバーに恋人の存在が噂されて、想像以上に動揺してしまい…。推し活の心得を教えてください（泣）。

杏子 いま推し活している人もたくさんいるから、この話題が気になる人も多いだろうね。

YOU これはもうリアコ（推しに「リアルで恋をしている」の略）ね。私もね、もし推しに匂わせがあったら、自分はどう思うだろうと日常的に考えているけど、本当に深刻な問題です。友達から「彼らは恋愛したり兵役に行ったりするから、推しは一人だとつらくなるよ」とアドバイスされたことがあって、一応念頭には置いているけれど、とはいえ推しは簡単に増やせるものじゃないからね。…杏子は私たちが話していること、理解できる？

杏子 会ったこともない人に恋心を抱くの？

YOU 私もね、自分がこの立場になって初めて知ったの、こんな気持ち。彼らには幸せになってほしいけど、私もきっとヤケ酒したりするだろうな。現実の恋愛でも、自分の彼氏が他の誰かを好きになったら傷つくでしょ。それと同じ。これは失恋なの。だから今は仕事か何かで気持ちを紛らわせ、傷が癒えるのを待つのみ。だから今は病みましょ、思いっきり。

ライター うぅぅ……（泣）。

杏子 ちょっと質問。推しの相手が誰なのかによってこの人なら仕方なし、ってこともあるの？

YOU 自分が応援してた有名人だとかスーパー

スターだったりしたら、こりゃしょうがないと思うかもしれない。考えてみたら大変よね。二人はただ恋愛しただけなのに。同情したくもなるけれど、とはいえファン側はがっつり失恋です。ねぇ、思い出してみて。これまで推しにどれだけ幸せな気持ちにさせてもらったか。見知らぬ私たちに、身を削りながら「サランへ♡」って笑顔を振りまいてくれたでしょ。これだけ幸せにしてもらったんだから、私たちは悲しみも味わってしかるべき。

ライター　これは心の修行ですね。

YOU　そうですよ、惚れた者の弱みというかね。これで闇堕ちしてサセンになるなんてもってのほか。現実の恋愛に置き換えて考えてみて。

杏子　サセンってなに？

ライター　私生活まで追い回す人たちです。

YOU　現実の恋愛でも彼氏を四六時中追い回したら怖いでしょ。心を強く持ちましょう。偶然、街で彼らを見かけても、彼らのプライベートを守るために、跡をつけたりギャーギャー騒ぎ立てたりせず、持っていたグッズを急いで隠して反対方向に全速力で走り去ったファンの話を聞いたことがあるわ。本当に健気だよね。

杏子　海外のグループを応援すると、語学の勉強を始める人もいるらしいよね。

YOU　昔、QUEENが好きで、英語を必死に勉強したけどそれと同じだね。その国の政治も気になって、ニュースをチェックするようになったり。推しがいると視野が広がるし、私たちを成長させてくれるよね。好きになるって素晴らしい！　だから今は静かに耐えましょ。

意外?! おしゃれ覚醒物語

杏子 ファッションに目覚めたのはいつ頃?

YOU 私は音楽がきっかけだな。ブリティッシュロックが好きで、特にQUEENは小6のときに友達4人と日本武道館のコンサートに行くほど大ファンだったの。幼い頃はママにいつもお嬢さま風の服を着せられていたから、それに対する反発心でロックやパンクに走ったのかも。杏子は?

杏子 思い返すと、5歳の頃にデパートで姉と一緒にキッズモデルをしたことが最初だったかもしれない。きれいな服を着て、みんなにかわいいと言われて。姉は恥ずかしがっていたけれど、私はすごく楽しかった。同じ頃、叔父の結婚式でも素敵なドレスを着せてもらって、このドレスを永遠に着ていたいと思ったのを覚えてる。そこからかな。YOUが10代の頃に本格的に服に夢中になったきっかけは?

YOU 中高はテニス部だったから、ほとんど学校の制服かスポーツウェアで、ちゃんとおしゃれするようになったのは高校生になって、原宿に通うようになってから。あの頃の原宿は素敵な人がたくさんいて、ハードルが高い街だったのよ。高校を卒業して、クラブで本物のアーティストを間近で見たことも大きなことだったと思う。サディスティック・ミカ・バンドのミカさんや松任谷由実さん、近田まりこさんたちから大きな衝撃を受けたな。街で素敵な人たちと出会って、そこで磨かれるものがあるよね。ドキドキしながらショップに入ったり、実際に素敵な服を手に取ったり。それから雑誌も大好きだった。特に、ロンドンのストリートスナップが載っているものは必ず買ってたな。そのコーディネートを真似してみたりして。杏子がファッションの道を志したのは幼い頃の体験から?

杏子 10代の頃はファッションと同じくらいサーフィンが大好きだったんだけど、当時のサーフィンは、オリンピック種目でもなく、プロへの道も険しいので、もう一つ大好きだったファッションの道に進もうと決めて。海に一年中いるくらいのサーファーガールだったけど、イタリアに渡るときにサーフィンはスパッとやめた。

YOU 映画や音楽から影響は受けた?

杏子 受けた!『タワーリング・インフェルノ』という古いアメリカ映画。

YOU 懐かしい! フェイ・ダナウェイが出演していた作品だよね。

杏子 そう。サンフランシスコに建設された超高層ビルの最上階で、竣工披露パーティが行われていて、その最中に火災が発生するストーリー。ドレスアップしたＶＩＰが招待されたパーティはとても華やかで、こんな素敵なソサエティがあるんだと強く印象に残ったの。それで私も美しいドレスでパーティに出席するような仕事がしたいと思って。この作品が私の方向性を決めたと思う。

YOU ウケる!『タワーリング・インフェルノ』を観てファッションを志した人は、きっと世界中で杏子ひとりだけよ。あれはパニック映画だもの。きらびやかなハイソサエティが困難に見舞われるというギャップは印象的だったけれど。でも、面白いね! こんなに付き合いが長いのに、知らないこともあるのね。

「清水ダイブ」で良いものを

杏子　初めて勇気と貯金を振り絞って買った服を覚えてる？

YOU　清水の舞台から飛び降りる系の大きな買い物ってことなら、ヴィヴィアン・ウエストウッド。モデルの仕事をしてるとき、スタイリストさんが用意してくれたスカートを買い取ったの。その頃はまだ若くてお金もなかったから何着も買えなくて、似たデザインの服をヴィヴィアン風に着たりもしてたな。

杏子　私が初めて思い切ったのはグッチのバッグ。トム・フォードの時代のもので、メタリックなロゴでチェーンが長い、70年代風のフォルムのポシェット。今も大切に保管している。

YOU　私もヴィヴィアンの帽子はどこかにしまってある。思い入れが深いから捨てられないよね。

杏子　今でもそれを見ると買ったときの思い出がよみがえってきたり。そう考えると、良いものを買う経験は大切だよね。

YOU　大人になって最初に買ったバーキンにも思い出がいっぱい詰まってる。ファストファッションも断捨離もいいけど、自分が本当に欲しかったものを買うために頑張ってお金を貯めたり、良いものに触れる経験は、それだけで価値があるよね。でもそれは単純に高いものを買うべきというわけじゃなくて、ママからパールのネックレスを受け継ぐとか、そういうことでもいいと思うの。

杏子　確かにそうだね。ところで、YOUのスタイルは年齢を重ねても守りに入らないけれど、アップデートはどうしてるの?

YOU ファッションに対してはいつまでもミーハーだから、かわいい!と思ったらまず取り入れてみる。興味の赴くままよ。

杏子 私もそう。でも、ヘソ出しスタイルとか、かわいいけど私には無理だなというものが出てきた。

YOU ヘソ出しはかわいいよね。若かったら絶対にやってみたかった! それに、きれいなドレスに出合っても、これは今の私じゃ似合わないなと思うものもあって。そんなときは別の方向からファッションを楽しもうと頭を切り替えるようにしてる。あー、今ボディコンシャスなドレスが流行したらどうしよう。着たいけど無理だわ。

杏子 YOUは細身のスタイルをずっと維持しているからカッコよく着こなせるんじゃない?

YOU もはや何を着ても誰からも責められないから好きなものを着てもいいんだけどね。でも、無理なものが出てきた半面、若い頃だったらトライできなかったものに挑戦できるようになったよ。

杏子 そう! あえてキワキワのデザインに挑みたくなるよね!

YOU おかしなデザインのものとか(笑)。でも、カジュアルなものを着るときはテクニックが必要になった。ヴィンテージを着るときは、アクセサリーやバッグはきれいなものにして「服も中身も古いのかよ」と思われないようにバランスを取るとかね。本当はね、60代になったら、フランス映画『男と女』のアヌーク・エーメのようにエレガントになる予定だったの。でも、今の私はどちらかというとシンディ・ローパー側。真逆の方向になっちゃった。キャラクター的にも、この先、突然エレガントになることはないだろうから、エレガント担当は杏子に任せるわ。

お買い物よ、さらば

杏子 昔、パリで購入したシャンデリアを誰かに譲ったと聞いたけど、インテリアを変えたの？

YOU 断捨離よ。お買い物は大好きだけど、おウチにモノがあふれすぎて大変なの。家の広さにはどうしたって限界があるじゃない？ だから、少しずつお譲りしたり、リサイクルに出したりしてるのね。これまで少しずつ日本や中国、アメリカのアンティーク家具を揃えて、自分好みのインテリアを完成させたから、愛着のある家具をゴミとして捨てるのはイヤだし、フリマアプリに出品するような作業は面倒だし。でも、いよいよやらなきゃと思って。

杏子 私も服やアクセサリーを整理するのはひと仕事。お気に入りのものは捨てるのも忍びないよね。

YOU 先日も友人に「昔、海外で手に入れたシルバーのバターケースがあるけど、いらない？」と聞かれて。確かに私の好みだったし、いつもならありがたく頂くけれど、今回は辞退したの。これ以上モノを増やすわけにはいかない！ 私も年齢を重ねて、ついに身の回りを整理する段階に入ったんだわ。

杏子 それで年末の断捨離だったのね。

YOU そう。くたびれたものは思い切って捨てたり、リサイクルしてくれるお店に出したり、友人に譲ったり。頑張りました。私は仕事の衣装も自分で揃えているから、自宅のクローゼットはわりと大きめにしていたのね。その広さに甘えてどれだけ買っても平気だと思っていたけど、気づいたら大変な量になっていて。生活スペースには極力モノを少なくシンプルなインテリアにして、全部クローゼットに収納するようにしていたんだけど、それが積もり積もって。お気に入りだけど泣く泣く手放しました。

杏子 その気持ちとてもよくわかる。

YOU やっぱり靴を手放すのはつらかったな。マノロやルブタンのピンヒールはとても素敵だけど、いま履くと足の甲がつってしまう。寂しいけれど、コレクションとして残しておきたいもの以外は、全足にお礼を言ってお別れしました。もうピンヒール界の現役は引退です。

杏子 年齢を重ねても履きたい靴と、特別なシーンでしか履かない靴とに分かれてしまうよね。名作シューズだから、欲しい人のもとに届けばいいけど。

YOU それを願うばかりよ。それから、60歳をきっかけに誕生日プレゼントNGを始めようかと思ってる。近い年齢の友人とはお互いに「もらわない・贈らない」ことで理解し合おうって話しているの。友達だからこそ好みをピンポイントに突いたうれしいプレゼントをくれたりもするんだけど、お互いにモノを減らす段階にきているものね。私もこれからは（樹木）希林さんを見習って誕プレNGです。気持ちだけで十分よ。

杏子 私も職業柄、常に新しいアイテムを試しているから、モノが増える一方。定期的に編集部の人たちに状態のいいものを譲ってるけど。

YOU 杏子セレクトだからうれしいよね。身近にもらってくれる人がいるのは羨ましいわ。

杏子 今回の断捨離でどれくらい処分したの？

YOU 捨てたもの売ったものを含めて、クローゼットの3分の2。2トントラック1台分くらいは処分できたと思う。これからは、衣装として必要なもの以外は、なるべく「買わない・もらわない・断捨離する」を心がけていくつもり。

ファッション誌レトロスペクティブ

ライター　今回のテーマは「昔のファッション誌について語ろう」です。

YOU　雑誌といえば杏子でしょ。私は海外のストリートスナップやモード誌を立ち読みしていた程度だったけど。

杏子　私は長くファッション誌の現場にいるからね。今はウェブでも一部見ることができるし、SNSもあるけれど、昔はワクワクしながらほとんどの海外誌をチェックしていたな。

YOU　あの頃は時間があると本屋さんに行ってたよね。青山ブックセンターの六本木店に何時間も入り浸って。

杏子　私も六本木店は行きつけだった。とりあえず海外誌を片っ端から見て、気に入ったものがあったら購入して。フランカ・ソッツァーニが編集長だった頃の『ヴォーグ・イタリア』はとても素晴らしくて必ずチェックしていたし、ファビアン・バロンがアートディレクターを務めていた頃のUS版『ハーパース・バザー』も大好きだったな。この2冊は毎月購入して大切に保管していたよ。

YOU　輸入雑誌は1冊の価格が高かったんだよね。だから全部は買えなかったけど、ファッション好きなら海外のファッション誌は見ておいて当たり前という空気があったよね。

ライター　当時の雑誌で特に印象に残っているスタイリストは？

杏子　よくチェックしていたのは『ヴォーグ』の

グレース・コディントン。影響を受けたのは、10代の頃に愛読していた日本の雑誌が大きいかも。『an・an』の海外誌のような独特な雰囲気が大好きだったな。モデルだったら甲田益也子さんや林マヤさんが活躍していた頃。

YOU くればやし美子さんとかね。私も甲田益也子さんのポスターを部屋に張って、同じ髪型にしたり、似た服を原宿で探したりしていたもの。当時のファッション誌といえば『流行通信』や『non-no』とか片手で数えるほどしかなかったんだから。若い子たちは想像できないでしょ。

杏子 スタイリストの堀越絹衣さんや佐藤チカさんが活躍されていてね。佐藤チカさんは、プラスチックスやMELONというバンドのボーカルとしても有名だけど、スタイリストもされていて。『an・an』にチカさんのスタイリスト1日密着記事があって、それを読んでこういう仕事をしてみたいなと憧れたもの。

YOU 80〜90年代あたりはいろんなジャンルを横断して仕事をするクリエイターがいたのよね。立花ハジメちゃんだって、いまだにミュージシャンなのかデザイナーなのかよくわからないけど、存在自体がオシャレなのよ。スタイリストの馬場（圭介）ちゃんもそう。

ライター 日本のファッションやカルチャーを掘り下げるときに必ず押さえるべき人は？

YOU 今まで名前を挙げた人は確実にそうだし、ヘアメイクの加茂（克也）さんとか、時代をつくった人はたくさんいるよ。まずは（藤原）ヒロシや高木完ちゃんあたりじゃないかな。そこから今のファッションやカルチャーにつながるから。

ランジェリー選びはもっと自由に

杏子　今回は、ランジェリーの選び方について。体のシルエットが変わる大人世代は、下着をどんな基準で選ぶのか相談を受けることがあって。

YOU　ここ10年くらいはブラの代わりに水着のビキニトップを着ています。最近は（亘）つぐみちゃんがプロデュースしている「TW」がお気に入り。全色揃えているヘビーユーザーだよ。

杏子　「TW」いいよね。下着の代わりに水着を着るようになったきっかけは？

YOU　ビキニの紐を首の後ろで結んだとき、服からチラッと見えるのがかわいいなと思って。ドレスを着るときはちゃんとしたブラだけど、普段はTシャツにいろんなビキニを合わせたり。

杏子　スタイルキープのために、ワイヤー入りやナイトブラを着けることは？

YOU　背中から肉を寄せ集めてカップ数を上げる補正ブラも持ってはいるけれど、普段は着けないな。やっぱり下着は着心地とデザインを優先したいもの。杏子は？

杏子　私のこだわりは上下セットのものを身に着けること。バラバラだと気持ちが悪くて。

YOU　そういえば30、40代の頃はセクシーなランジェリーが大好きだったな。誰かに見せるわけじゃなくても、自分の気持ちがアガるじゃない？夜遊びをするときには、わざわざお気に入りのランジェリーに着替えたりして。それに、もし事故に遭って救急搬送されたとき、救急隊員が私の着衣を切ることがあるかもしれないでしょ。そこで気の抜けた下着だったら恥ずかしい！と思って。でも今は完全に着心地重視。「TW」のブラに合わせて、ショーツはいろんなデザインを楽しんでいます。かわいいものならメンズのトランクスもはいちゃう。

杏子　ますます自由になっているのね。

ライター　ところで、下着の「捨て時」ってどこで判断します？　気がつくとボロボロで…。

YOU　そんなものは早く捨てなさい！　私はくたびれてきたらすぐ新しいものに替えているな。

杏子　でも、着用頻度の少ない下着の「捨て時」は迷っちゃうかも。

YOU　少し前、山ほどあったランジェリーを断捨離したの。捨てるのは忍びないものもあったけど、果たして今後も着るのかと自問自答して。パリで衝動買いしたけれど、一度も身に着けていないキレイなものは知り合いの子に譲りました。

杏子　上下セット派の私は、ブラ1枚＋ショーツ2枚で購入するようにしている。ショーツはブラに比べて傷みが早いから。

YOU　それはいいね。それにしても、この下着の話で、あらためて杏子はファッションの人なんだと思った。見えないところまで気を配って。

杏子　下着はネイルと似ているよね。ネイルが剥がれてると、他人の目よりも自分の気持ちが下がってしまう。

YOU　見えないところでいうと、かかとはケアしてるよ。だから今もし救急搬送されたら、救急隊の人は「かかとはツルツル！　でもパンツはメンズ！」って混乱しちゃうだろうな。

サマンサが教えてくれたこと

ライター　いきなりですけど、最近「キラキラキャバ嬢」という言葉を知ったんです。

YOU　それで？

ライター　ホストもそうですけど、昔より職業イメージが良くなって、バイト感覚で始める子も多いらしくて。何かアドバイスがあればなと。

YOU　アドバイスはない！　水商売でもなんでも、自分で選んだらそこで頑張るしかない。それはいつの時代もどんな分野でも同じなのよ。キャバクラでナンバーワンになる人もいるし、そこでお金を貯めて次のステップに行く人もいるでしょ。その人次第なの。だからキャバ嬢やホストが特別だとは思わないけど。

ライター　どんな仕事でも目標を持って頑張ろうということですね。

YOU　んー、ちょっと違う。私は誰もが目標を持つべしとは思わない。最初の目標を成し遂げることだけが立派なわけでもないし、途中で挫折してもそれは負けじゃない。人は変わるし成長する。目標も変わって当然じゃない？

ライター　確かに。それにしても今はキャバクラだけじゃなく、ラウンジ、ガールズバーなど業態もさまざまですよね。

YOU　だから、ますます一概には言えないのよ。昔は男性向けに女性がサービスするものが主流だったけれど、今は女性がお客さまっていうものも多いでしょ。男性セラピストによる女性向けの性的マッサージのお店も話題になってるし。

杏子　ヌメロでも何度かフェムテックについて取り上げたけれど、それに近いこと？

YOU　性的快楽に対してポジティブという点ではね。セルフプレジャーアイテムはもう常識よ。もはや一人一台は当たり前の時代です。

ライター　バイブには、骨盤底筋を鍛えられるものや、尿漏れや子宮脱を防止するものなどウェルネスの分野でも注目されていますよね。

YOU　な〜にをゴチャゴチャ言ってるの！　エクスキューズなんかいらないわ。快楽よ、快楽！　女性は快楽に対して正直でいいなんて昔から言われているでしょ。サマンサに教えてもらったことを忘れたの？『セックス・アンド・ザ・シティ』はもう20年以上前なのよ。あのドラマからいったい何を学んだの？

ライター　服がオシャレだなって…。

YOU　んもう！　サマンサは体を張っていろいろ教えてくれたじゃない！

杏子　そういえばサマンサは日常的にずっと膣トレしてたよね。考えてみるとあのドラマにはたくさん教えがあったな。SATCを見て学んで実践する人。何もしない人。20年たつとだいぶ差が開いているかもしれないね。

YOU　そうよ。「とにかくやってみろ」って話。人間は時間とお金をムダにしないと何も学べないの。化粧品もそうでしょ。口コミを見ても、実際に使ってみないと自分に合うかわからない。失敗だって経験値。失敗した経験を次のことに生かせるでしょ。何もしないといつまでもゼロのまま。いつまでも変わらないわ。

ライター　「失敗して当たり前」精神ですね。

YOU　誰も他人の失敗なんて気にしちゃいないんだから。って今回、何の話だっけ。とにかくまずバイブを買いなさい！　話はそこからよ。

デジタルデトックスやってみた

杏子　年末年始にデジタルデトックスしたの。

YOU　どれくらい？

杏子　3週間くらい。LINEはチェックしてたけど、パソコンからは完全に離れた。お休みに入る前に「メールは見ませんよ」と宣言しておいて、「お休みするから返信できません」という自動返信を設定して。かなりスッキリしたよ。

YOU　私の場合は、メールのやり取りは事務所のスタッフがしてくれるから、そういうストレスはないいな。メール業務のストレスはないけど、私は現場に行かないと仕事ができないから、現場が全てという点では建設業や飲食の人たちに近い仕事のスタイルかも。でも、編集はどうしてもメールが必要だものね。

杏子　いま進行中のプロジェクトや撮影、打ち合わせの連絡もあるけれど、いちばん多いのは一斉送信で送られてくる新商品のリリースやイベントなどの案内。大切な情報だから目を通すんだけど、全部を追うだけでもかなり時間がかかってしまって。それに加えて編集部内はスラック、急ぎの案件はLINEでもやり取りしてるから。

YOU　そういう話を聞くと、やっぱり私はデスクワークは向いてないなって思う。

杏子　いいのよ。YOUにはYOUにしかできないことがたくさんあるんだから。YOUはオフィシャルのSNSを開設してないじゃない？　自分でSNSをアップするタレントさんもいるけれど、割り切って一切やりませんっていうのは、それはそれでいいかも。

YOU　だってわかんないもん！　よくフォロワー数で仕事が決まるという話も聞くけど、それだったら私はいないも同然ね。

杏子　すでにキャリアがあるから、フォロワー数は関係ないんじゃない？

YOU　モデルさんやファッションインフルエンサーさんがSNSを楽しんでるのはすごくいいなと思う。面白い画角で撮ったり、ストーリーも上手に編集したりして。もう完全に新しい世代だよね。でも、仕事でやらなきゃいけないことだとしたら大変よね。私は絶対にムリ。SNSどころか、メールもけっこう放置しちゃうんだよね。よく（小泉）今日子パイセンに、メールの未読が多すぎると怒られています。

杏子　そんなに溜めてるの？

YOU　友達はLINEに連絡してくるから、たまにしかメールを開かないのね。今日子は事務所の社長だから、未読マークが気になるんだって。そういえば、清水ミチコさんの日本武道館ライブに行きたいなと思って、ミチコさんに連絡しようと久しぶりにメールを開いたら、すでにお誘いのご連絡をいただいていたことがあった。失礼になるから、ちゃんとチェックしないとな。

杏子　私は今回PCから離れてみたら、自分と向き合う時間が増えたし、意外と混乱も少なかったから、これからもたまにデジタルデトックスしてみようと思う。

YOU　思い切って私はこうしますと宣言したら、案外周囲の人も理解してくれるよね。世の中の流れを見ても、そろそろ各々の生き方みたいなのを明確にしていってもいい時代だよね。

あの頃のドキドキ再び

杏子　最近、スポーツしてる？

YOU　ピラティスに通い始めたの。最初は、小さな動きで物足りないかなと思ったんだけど、すごくハードで、もう必死よ。

杏子　週にどれくらい？

YOU　仕事が忙しくないときは、ジムが2週に一回くらいで、ピラティスは週一くらいかな。

杏子　私もジムへは定期的に行ってる。本当は昨年、久しぶりにサーフィンを再開したいと思っていたんだけど、結局、海に行けずじまい。今年こそはと思ってるけど。

YOU　いいね、サーフィン。

杏子　大人になって仕事もプライベートもある程度充実してくると、胸がドキドキワクワクすることが少なくなるじゃない？　知人に相談したら、10代の頃に胸がときめいていたことを再開するとその感覚を取り戻せるんじゃないかとアドバイスしてくれたの。だったら私はサーフィンだなと思って。だけど、海に行くにも時間がかかるし、去年の夏は暑すぎたでしょ。それで結局、行けずに夏が終わってしまった。

YOU　昔はもっと身軽だったよね。そのときのノリで、小さいバッグひとつを持って出かけて、夜は浜辺でそのまま眠っちゃったりしてね。満潮で溺れそうになって慌てて起きたりして。今は、あれもこれも必要だと荷物はどんどん増えるし、もうそんなふうにはできなくなっちゃった。

杏子　YOUは推し活してるから、ドキドキワクワクはあるんじゃない？

YOU　推しがいるとね。でも、若い頃のように、目に映るもの全てにときめいていた感覚とはやっぱり違うよ。これはこれで楽しいけど。

杏子　私も仕事もプライベートも楽しいけれど、もう一度、ときめくことができたらと思うの。

YOU　大人になると、自分でブレーキをかけちゃうのかもしれないよね。思いつきで行動すると、次の日に体がキツいよなと考えてしまって、結局なにもしなかったり。体調管理は社会人としては大切なことなんだけど、ドキドキワクワクには、これから何が起こるかわからないっていうのも重要な要素だから。私は仕事柄、全てが一期一会だから、飽きることがないし、ワクワクドキドキする機会は多いのかもしれないな。

杏子　注目のイケメン俳優と仕事で一緒になることもあるだろうし。

YOU　芸能界は、男女問わず、美しい俳優さんやタレントさんが当たり前みたいなところがあるから、もうドキドキはしないかな。贅沢なことだけど、慣れちゃうのよ。

杏子　慣れはあるかも。私も美しい服を見て感動することはあるけど、ドキドキすることは少ないな。

YOU　でも、楽しいでしょ？ 大阪で藤井（隆）くんとやってる番組（『発見！仰天！！プレミアもん！！！ 土曜はダメよ！』）はもう21年になるんだけど、いつも楽しいよ。もしかしたら、いつもと同じ場所でも、視点を変えてみたら、新鮮な気持ちになれるんじゃない？

杏子　ヌメロでも新しいプロジェクトを計画しているから、これが私のワクワクの種になるかもしれない。

YOU　それ、いいじゃない！ 2025年、ドキドキワクワクしていこう！

90年代＆Y2Kあれこれ

ライター　90年代〜Y2Kのリバイバルで、昔の日本のカルチャーが掘り起こされていますね。

YOU　今の子たちにとって新鮮なんだと思う。私は80年代の頃から原宿に通っていたけど、90年代といえば裏原宿が盛り上がっていた頃かな。あの頃の原宿は今よりもっとストリートな雰囲気だったよね。若い子たちのブランドやお店もたくさんあって。

ライター　2003年まで同潤会青山アパートには若手の小さなお店が集まっていました。雑誌『FRUiTS』は97年創刊、青文字系雑誌が流行して、そこからきゃりーぱみゅぱみゅのようなスターが誕生したり。

杏子　安室奈美恵さんをロールモデルにした「アムラーブーム」は95〜96年あたり。これは渋谷が舞台だったね。

YOU　最近もK-POPアイドルは90〜00年代のカルチャーにインスパイアされたスタイルをしているよね。スタイリストさんがちゃんと理解していてすごいと思う。

ライター　90年代といえば、「アンダーカバー」やNIGO®さんが立ち上げた「A BATHING APE®」など、今や日本を代表するブランドが数多く誕生したのもこの頃でしたが、日本のストリートとハイファッションはどんなふうにつながっていったのでしょうか。

杏子　そういえば、その頃デザイナーやクリエイターがよく来日していたな。渋谷のギャル文化やアニメなど、日本独自のカルチャーが欧米のクリエイターを魅了したんだと思う。日本にはコムデギャルソン、ヨウジヤマモト、イッセイミヤケがあり、そのすぐ隣には原宿カルチャー。コレクションにもルーズソックスや日本のファッションの特徴的なところをどんどん取り入れていたし。

YOU　日本みたいなミックスカルチャーって他になかったものね。当時の欧米はハイファッションとストリートが明確に分かれていたのよ。日本はそれを躊躇なくミックスしていたから面白かったんだろうな。

杏子　ヨーロッパのモード界からすると、これまでに見たことがないムーブメントだったんだろうね。あの頃に来日したデザイナーで特に印象深いのは、ヴァージル・アブロー。彼はNIGO®君やジョニオ君（高橋盾）、（藤原）ヒロシ君たちをとても慕っていたの。ヴァージルは、東京的なミクスチャー文化とパリのモードの大きな懸け橋になった一人じゃないかと思ってる。

YOU　今も、デザイナーに限らず、いろんなクリエイターやミュージシャンが日本に遊びに来ているよね。

杏子　そういえば日本は今、状態のいいヴィンテージレコードが世界でいちばん揃っている場所らしいの。来日するミュージシャンはよくレコードショップに足を運ぶそうよ。考えてみたら、デニムや古着の貴重なものは日本にあるといわれてるし、来日したデザイナーやクリエイターがそこからヒントを得てデザインに反映したり、まだまだ日本にはクリエイターを刺激するものがあるんだろうね。

YOU　最近「日本は遅れてる、もうダメだ」と嘆く風潮があるけれど、今もそんなに悪い立ち位置じゃないと思うの。ちょっと疲れてるかもしれないけど、20代30代は元気な子も多いし、どこかのタイミングでまた面白いことになるんじゃないかな。音楽でも「新しい学校のリーダーズ」が海外で人気だったり、XGもすごく話題になってるしね。90年代って、みんなが好きなことを追求していた時代。それが世界から面白いと注目されたわけじゃない？　だから今もそんなに世界を意識しなくてもいいんじゃないかな。「面白いことをやり続けていたら、晩年に賞をもらいました」ってくらいがいちばんいい。地道な努力を続けていたら、見つけてくれる人はいるからね。

YOUの私服スナップ　Part2

右ページ／シュプリームのシャツ　シンメのパンツ　バレンシアガのパンプス
上／ドロシーヘンドリックスのTシャツ　TWのスウェットパンツ　下／ドロシーヘンドリックスのTシャツ

上／セリーヌのシャツ　バレンシアガのスニーカー　下／セリーヌのシャツ、パンツ

上／パブリック・イメージ・リミテッドのTシャツ　下／ステューシーのジャケット　古着のTシャツ　ドロシーヘンドリックスのスウェットパンツ

セリーヌのシャツ、パンプス　シュプリームのパンツ

上／コム デ ギャルソンのジャケット　下／ドーバー ストリート マーケット ギンザで購入したジャケット（ブランド不明）

上／セリーヌのジャケット　下／ドロシーヘンドリックスのTシャツ、パンツ

上／リチャードソンのTシャツ　下／ワコマリアのシャツ

上／ドリス ヴァン ノッテンのシャツ　アンダーカバーのデニム　下／バレンシアガのシャツ

セリーヌのコート　バレンシアガのスウェットパンツ(P134-143 すべて私物)

YOU

モデル、音楽活動を経て、現在はタレントとして
CMやバラエティ番組に数多く出演。女優としての
評価も高く、ドラマ、映画や舞台でも活躍中。

世間の歩き方

発行日　2025年3月27日　初版第1刷発行

著者	YOU
発行者	秋尾弘史
発行所	株式会社 扶桑社 〒105-8070 東京都港区海岸1-2-20　汐留ビルディング 電話　03-5843-8582（編集） 　　　03-5843-8143（メールセンター） www.fusosha.co.jp
印刷・製本	大日本印刷株式会社
カバーデザイン	浜田武士
ブックデザイン	半坂亮太（store inc.）
撮影	Taka Mayumi（P13-17,134-142） Kyutai Shim（P12,143）
ライター	松田美穂
編集	水戸美千恵（扶桑社）
編集アシスタント	門田実夢（扶桑社）

着用している衣装はすべて私物です。ブランドへのお問い合わせはお控え下さい。

定価はカバーに表示してあります。

造本には十分注意しておりますが、落丁・乱丁（本のページの抜け落ちや順序の間違い）の場合は、小社メールセンター宛にお送りください。

送料は小社負担でお取り替えいたします（古書店で購入したものについては、お取り替えできません）。

Printed in Japan
ISBN978-4-594-10035-3